Grave minhas palavras: Esau McCaulley é a mente teológica mais brilhante desta era. *Uma leitura negra* é um oásis no atual deserto acadêmico cristão. Como professor, não vejo a hora de colocá-lo na lista de leitura dos alunos e, como pastor, não vejo a hora de usá-lo para discipulado. O estudante negro da Bíblia sabe instintivamente do risco inerente dos exageros mentirosos e dos percalços culturais na intersecção de nossa raça com a leitura das Escrituras. Nesta obra, encontramos uma nova luz para não nos desviarmos do caminho.

Charlie Dates, pastor titular da Progressive Baptist Church, Chicago

Como nos Estados Unidos, carregamos no Brasil a terrível herança social e psicológica da escravidão negra, mas a leitura bíblica evangélica, nos dois países, negou o problema ou ofereceu respostas muito tímidas a esse desafio. Líderes se fecharam para a questão racial, ao vê-la monopolizada por ativistas desinteressados pela ortodoxia cristã. O dilema na mente de muitos é claro: como ser fiel às Escrituras e ao espírito da fé evangélica e, ao mesmo tempo, responder a esse desafio contemporâneo? Esau McCaulley é um presente de Jesus para sua igreja. Com erudição, piedade e fidelidade evangélica, ele mostra que não há dilema algum: a Bíblia tem uma voz poderosa contra a injustiça, pela libertação e pela esperança. *Uma leitura negra* é um bálsamo para a teologia evangélica contemporânea.

Guilherme de Carvalho, diretor do L'Abri Fellowship Brasil e pastor da Igreja Esperança, em Belo Horizonte

Antes de este livro chegar às minhas mãos, não sei se tinha consciência do quanto precisava dele. *Uma leitura negra* é acadêmico, mas acessível, e comunica o que muitos cristãos negros têm dito há décadas. Todos fariam bem em prestar atenção para que não percam Deus ao longo do caminho.

Jackie Hill-Perry, autora de *Garota gay, bom Deus*

O livro que você tem em mãos é um marco significativo para a teologia na temática de tensão e injustiça racial. Uma obra profundamente bíblica e socialmente honesta, uma resposta ao vácuo de boas literaturas, feitas por cristãos bíblicos, no combate às injustiças que existem neste mundo que jaz no maligno. Esau Mccaulley merece ser conhecido e ouvido pela igreja brasileira. Que este livro guie o leitor para mais perto de Jesus, como certamente fez comigo.

Jacira Monteiro, membro fundador do Projeto Agostinhas

Finalmente publicado no Brasil, *Uma leitura negra* seria, à primeira vista, um livro de interesse de pessoas negras e cristãs. Na verdade, é bem mais que isso. É uma obra fundamental para entender a ideologia escravista, suas consequências no mundo de hoje, e o quanto a mensagem das Sagradas Escrituras e do evangelho foi manipulada e distorcida para justificar a opressão, a morte e o sacrifício de milhões de negros escravizados. Mais do que um ajuste de contas com o passado, o livro oferece a oportunidade de remissão e de reencontro dessa mensagem com as necessidades mais profundas de amor, acolhimento e misericórdia. Leitura obrigatória para todos os brasileiros, independentemente da cor da pele e de suas origens étnicas e culturais.

Laurentino Gomes, jornalista e escritor

Sou extremamente grato por ter em minha época uma voz que fale com nuança, graça e consciência cultural. Esau nos deu uma combinação saudável para entender teologia e negritude. Leitura essencial!

Lecrae, artista de *hip-hop*

Precisamos ouvir com urgência a voz de Esau McCaulley. Este livro é profético, bíblico, sábio, comedido, amistoso e argumentado com grande habilidade — e, por isso, exerce forte impacto. Uma mensagem poderosa para nossos tempos.

N. T. Wright, professor sênior e pesquisador em Wycliffe Hall, Oxford

Esau McCaulley assevera corretamente que interpretar a Bíblia com excelência não significa abandonar a própria etnia. Antes, devemos ler a partir de onde nos encontramos e, ao mesmo tempo, permitir que a Bíblia amplie nossos horizontes. Este é um livro que merece a atenção de pastores e estudiosos afro-americanos. Aliás, é um livro sobre o qual líderes de igrejas de todas as raças devem refletir.

Osvaldo Padilla, professor de teologia da Beeson Divinity School

Uma leitura negra, de Esau McCaulley, é mais que bem-vindo à nossa realidade brasileira. Sem diminuir a autoridade das Escrituras, pelo contrário,

Esau McCaulley nos leva em uma jornada rica de redescoberta e afirmação da verdade de que toda teologia é contextual, e que é exatamente em nossos diferentes contextos que Deus e sua Palavra se encontram com a humanidade e nos redimem.

Ricardo Wesley M. Borges, membro do International Fellowship of Evangelical Students (IFES)

Uma leitura negra deixa evidente como as Escrituras, corretamente interpretadas, são fonte de justiça e libertação para os negros, e como a crença ortodoxa na autoridade da Bíblia reforça a dignidade e o desenvolvimento dos negros de nosso país. Teologicamente profundo, mas extremamente acessível, Esau McCaulley tece com maestria uma densa e bela tapeçaria de narrativa pessoal, considerações sobre a igreja negra e a cultura americana, e exegese minuciosa. Não consigo pensar em um livro mais relevante, premente, proveitoso e esperançoso que este para nosso momento contemporâneo.

Tish Harrison Warren, ministra anglicana e autora de *Liturgia do ordinário*

Desafiador e consolador. Foi o sentimento que nutriu meu coração ao concluir este *Uma leitura negra*. McCaulley é profundamente profético e bíblico ao propor a cruz de Cristo como única resposta possível para o sofrimento e as injustiças que o racismo impõe ao negro. Como cristão, negro e africano residente no Brasil, creio que este é um livro necessário e urgente para aprimorar e estimular o diálogo sobre o assunto nesta pátria cuja ferida deixada pelo racismo ainda continua aberta.

Tomás Camba, escritor, ensaísta, professor de filosofia e teologia

À medida que a comunidade evangélica amplia sua presença numérica no Brasil e assume, como parte de sua vocação, um testemunho público que, para além de seus objetivos de propagação da fé, resulte em um aporte cultural significativo, ela terá de interagir os elementos fundamentais de sua fé com as tensões de entorno. Este livro traz uma contribuição fundamental para este momento, aprofundando nossa capacidade de diálogo, ampliando nossa escuta e corrigindo nossas perspectivas. Leia-o com a disposição de mudar, e prepare-se para se surpreender.

Ziel J. O. Machado, pastor metodista e vice-reitor do Seminário Servo de Cristo

UMA LEITURA NEGRA

Interpretação bíblica como exercício de esperança

ESAU McCAULLEY

Traduzido por Susana Klassen

mundocristão

Publicado originalmente por InterVarsity Press, Downers Grove, Illinois, EUA.

Os textos das referências bíblicas foram extraídos da *Nova Versão Transformadora* (NVT), da Tyndale House Foundation, salvo as seguintes indicações: *Almeida Revista e Atualizada*, 2ª ed. (RA), da Sociedade Bíblica Brasileira; e *Nova Versão Internacional* (NVI), da Biblica Internacional.

Edição
Daniel Faria

Revisão
Natália Custódio

Produção e diagramação
Felipe Marques

Colaboração
Ana Luiza Ferreira

Adaptação de capa
Ricardo Shoji

CIP-Brasil. Catalogação na publicação
Sindicato Nacional dos Editores de Livros, RJ

M429L

McCaulley, Esau
Uma leitura negra : interpretação bíblica como exercício de esperança / Esau McCaulley ; tradução Susana Klassen. - 1. ed. - São Paulo : Mundo Cristão, 2021.

Tradução de: Reading while black
ISBN 978-65-5988-065-2

1. Negros - Religião. 2. Cristianismo. 3. Bíblia - Leitura. 4. Negros - Aspectos sociais. 5. Vida cristã. I. Klassen, Susana. II. Título.

21-71162 CDD: 305.896
CDU: 316.347:27-23

Categoria: Teologia

1ª edição: setembro de 2021

Impressão digital sob demanda

Publicado no Brasil com todos os direitos reservados por:

Editora Mundo Cristão
Rua Antônio Carlos Tacconi, 69
São Paulo, SP, Brasil
CEP 04810-020
Telefone: (11) 2127-4147
www.mundocristao.com.br

ESTE LIVRO É DEDICADO À MEMÓRIA DE

Esau McCaulley Sr., meu pai,
que morreu antes de poder ver impressa
uma obra com nosso nome.
Não importa o que mais eu seja,
sempre serei seu filho.

Sumário

Agradecimentos

Este livro não teria sido possível sem a ajuda de amigos, familiares e colegas.

Sou grato a minha mãe, Laurie, por nos arrastar para a igreja mesmo quando não queríamos ir e por instilar em nós esperança dada por Deus de coisas melhores. Este livro é tão seu quanto meu. Agradeço a minhas irmãs Latasha e Marketha e a meu irmão Brandon por me amarem mesmo quando não fui amável.

A minha esposa, Mandy, sou grato por tudo.

Para Luke, Clare, Peter e Miriam, desejo que, quando as coisas ficarem difíceis, vocês se lembrem de ler os textos do Antigo e do Novo Testamento e encontrem neles fonte de esperança, como fizeram nossos antepassados. Se algum dia vocês esquecerem o que é esperança, desejo que este livro lhes sirva de guia.

Agradeço a Lisa Fields do projeto Jude 3 por me lembrar da comunidade pela qual sou responsável. Sou grato a Tish Harrison Warren por me recordar de que escrever pode e deve ser algo lindo. Meus agradecimentos a Charlie Dates por dar exemplo de como devem ser a pregação e o pastoreio fiéis em uma igreja negra, e a Justin Giboney da AND Campaign por me trazer à memória que ainda é possível defender a justiça com dedicação.

Sou grato a N. T. Wright por acreditar em mim como aluno de doutorado e por me incentivar a encontrar meu próprio caminho no meio acadêmico.

Meus agradecimentos aos professores, funcionários e alunos do Northeastern Seminary e agora do Wheaton College pelo incentivo e pelas conversas ao longo da jornada.

Agradeço a Anna Gissing e à equipe da InterVarsity Press por acreditarem na importância deste projeto. Anna, você merece uma medalha por todos os textos, telefonemas e *e-mails* que recebeu. Vou me sair melhor da próxima vez. (Provavelmente, não.)

1

O sul tem algo a dizer

Criando espaço para a interpretação eclesiástica negra

Continuamos a pregar porque temos o mesmo tipo de fé mencionada nas Escrituras: "Cri em Deus, por isso falei".

2Coríntios 4.13

É tipo assim. [...] Tô cansado das pessoas de mente fechada. Você me entende, né? É como se a gente tivesse gravado uma fita e ninguém quisesse ouvir. Mas é o seguinte. O sul tem algo a dizer.

André 3000

Minha mãe fez o melhor que pôde para instilar o evangelho em seus filhos. Era fácil saber onde os McCaulleys estavam quase todos os domingos: compactamente enfileirados no banco habitual na Igreja Batista Primitiva Union Hill, em Huntsville, Alabama, das dez da manhã até o Espírito terminar sua obra. Sempre havia a possibilidade, contudo, de minha mãe estar cansada demais depois do trabalho na montadora Chrysler para arrastar quatro filhos insubordinados até a casa do Senhor. Para incentivar esse cansaço a realizar *sua* obra, ficávamos em absoluto silêncio, cada um em seu quarto, na esperança de que ela não acordasse. O sinal de que nosso plano havia falhado era o som de Mahalia Jackson no rádio. Quando Mahalia começava a cantar "Amazing Grace", sabíamos que nossa pequena conspiração tinha ido ralo abaixo.

Nossa casa vivia envolta em música *gospel*. Além de Mahalia, não faltavam canções de Shirley Caesar dizendo para alguém impedi-la de fazer uma bobagem ou de James Cleveland lembrando-nos de que ele nunca se cansava. Não obstante nossa rebeldia contra as melodias *gospel*, elas enchiam nosso lar e formaram nossa imaginação.

A segunda testemunha constante das esperanças e dos sonhos dos quatro filhos era a enorme Bíblia King James que morava em uma prateleira na sala de estar. Sua função era mais de talismã que de livro para leitura. Sempre que minha mãe queria extrair de nós uma confissão, fazia-nos colocar a mão sobre essa Bíblia e declarar que tínhamos dito a verdade. Só o mais descarado pecador contaria uma mentira na presença de mamãe, de Jesus e do rei James. Também assistíamos a desenhos animados cristãos (*Superbook*), frequentávamos os estudos bíblicos durante a semana e todas as Escolas Bíblicas de Férias possíveis e imagináveis. Para onde nos voltávamos, víamos as Escrituras.

Ao mesmo tempo, contudo, eu era filho do ambiente em que vivia. Era um menino negro sulista, do estado de Alabama, que amava *hip-hop*. Assim que minha mãe fazia uma pausa nas canções da Mahalia, eu ligava meu som. OutKast, Goodie Mob e os baixos de Miami trovejavam no Oldsmobile Delta 1988 que eu dirigia para a escola e para festas na região noroeste de Huntsville. O *hip-hop* também me ajudava a interpretar o mundo que parecia ter o pé firmemente plantado no pescoço dos habitantes de pele escura de minha cidade.

Em resumo, eu conhecia o Senhor e a cultura. Ambos travavam uma batalha infindável por minhas afeições. Eu amava *hip-hop* porque havia momentos em que os cantores pareciam verdadeiramente compreender como era vivenciar a mistura inebriante de perigo, drama e tentação que caracterizava a vida dos negros no sul. Falavam de drogas, violência, interações com a polícia, e até de Deus. Seu principal objetivo não era oferecer soluções, mas refletir sobre a realidade que lhes havia sido imposta. E, no entanto, eu também amava as canções *gospel* de minha mãe, pois me enchiam de esperança e me ligavam a algo antigo e imutável. Enquanto o *hip-hop* tinha uma tendência niilista e uma ética utilitarista (é assim que as coisas são, e temos de fazer o que é necessário para sobreviver), as músicas de mamãe, arraigadas em textos e ideias da Bíblia, ofereciam um vislumbre de algo maior, mais amplo. A luta à qual me refiro não era entre gêneros musicais. Era uma luta entre niilismo negro e esperança negra. Refiro-me às maneiras pelas quais a tradição cristã luta pela esperança e cria espaço para ela em um mundo que nos atrai para o desespero. Proponho que um elemento fundamental dessa luta por esperança em nossa comunidade é a prática da leitura e da interpretação bíblica provenientes da igreja negra, o que chamo interpretação eclesiástica negra.

A década de 1990 foi controversa no *hip-hop*, uma época de guerra entre a costa leste e a costa oeste. Uma gravadora chamada Death Row, especializada em *gangster rap* que descrevia a vida nas ruas da Califórnia, era o expoente do oeste. A gravadora Bad Boy Records, na costa leste, representava uma tradição que valorizava a aptidão lírica e a celebração da cultura negra. O cerne de seu conflito era a natureza da música *rap*. Qual era a postura, o tom, o enfoque correto?

A hostilidade crescente chegou ao ápice em 1995, no segundo prêmio anual *Source*. Esse evento comemorativo era promovido por uma revista que servia de árbitro na cultura *hip-hop* daquela década. Em 1995, a entrega do prêmio foi realizada em Nova York. A maioria, portanto, era a favor de tudo o que dizia respeito à costa leste. Quando um artista do oeste vencia em alguma das categorias, era vaiado em volume máximo. Por fim, chegou a vez de entregar o prêmio ao melhor artista revelação. O vencedor não era da costa leste, nem da costa oeste. O prêmio foi para OutKast, uma dupla do sul, sem vínculos com qualquer um dos lados. Mas, naquela conjuntura, uma vez que os integrantes não eram do leste, também foram alvo de zombaria em um momento que deveria ter sido de vitória.

Em resposta a esse acontecimento, André 3000, o membro mais esquisitão da dupla, se pronunciou diante da multidão com as palavras que aparecem na epígrafe deste capítulo:

> É tipo assim. [...] Tô cansado das pessoas de mente fechada. Você me entende, né? É como se a gente tivesse gravado uma fita e ninguém quisesse ouvir. Mas é o seguinte. O sul tem algo a dizer.[1]

André declarou que não pediria desculpas por ser do sul, ser negro e ser diferente. Reconheceu o valor daquilo que o oeste e o leste tinham a oferecer para a cultura, mas o sul era um terceiro elemento digno de respeito por si mesmo. A pressão e as críticas daquela ocasião não derrubaram os membros do OutKast. Levaram-nos de volta ao estúdio. O resultado foi um

[1] Essa história é relatada em *ATL: The Untold Story of Atlanta's Rise in the Rap Game*, um documentário do canal VH1 lançado em 2014.

álbum chamado *Aquemini*, considerado um dos álbuns de *hip-hop* mais influentes de todos os tempos. É, até hoje, um conjunto de músicas estranhas, assumidamente do sul, mas também influenciadas por elementos do leste e do oeste. Livres das restrições impostas pela lealdade a um dos lados, os membros do OutKast encontraram espaço para ser criativos. Penso que os intérpretes eclesiásticos negros precisam de liberdade para ser *Aquemini*, algo diferente e verdadeiramente nosso.

A que me refiro quando falo de intérpretes eclesiásticos negros? Tenho em mente estudiosos e pastores negros formados pela fé presente nas declarações, nos sermões, no testemunho público e no éthos fundamentais e contínuos da igreja negra. Por diversos motivos, essa tradição eclesiástica raramente aparece em forma impressa. Ela vive nos púlpitos, nos manuscritos de sermões, e em ministérios em áudio e vídeo da tradição cristã afro-americana.

Vamos deixar uma coisa bem clara: a tradição cristã negra não é e nunca foi monolítica, mas é arrazoado dizer que a tradição da igreja negra é, em sua maior parte, ortodoxa quanto a sua teologia, no sentido de que crê em muitas das coisas em que todos os cristãos costumam crer. Essa ortodoxia se reflete nas declarações de fé de três das maiores denominações negras: a Convenção Batista Nacional, a Igreja de Deus em Cristo (COGIC, na sigla em inglês) e a Igreja Metodista Episcopal Africana (AME).[2] Não obstante, teólogos e escritores negros que adotam esses credos por vezes se veem no lugar do OutKast no prêmio *Source*. Somos lançados no meio de uma batalha entre progressistas brancos e evangélicos brancos e nos sentimos separados de ambos em diferentes aspectos. Quando voltamos os olhos para nossas irmãs e nossos irmãos progressistas afro-americanos, concordamos com eles em várias questões. Em outras ocasiões, temos um sentimento estranho de dissonância, de estar em casa mas longe de casa. Portanto, recebemos críticas de todos os lados, pois somos algo diferente, um quarto elemento.[3] Chamo

[2]Ver a declaração de fé da Igreja de Deus em Cristo em <www.cogic.org/about-company/statement-of-faith>. A declaração de fé da Convenção Batista Nacional se encontra em <www.nationalbaptist.com/about-nbc/what-we-believe>. O credo da Igreja Metodista Episcopal Africana é apresentado em <www.ame-church.com/our-church/our-beliefs>.

[3]Como ficará evidente no próximo capítulo, não argumento que a tradição progressista negra exista fora da igreja negra. São uma única manifestação. Permanecem como parte constante do diálogo exterior a nossas comunidades sobre a natureza da fé negra.

esse quarto elemento teologia eclesiástica negra, e seu método, interpretação eclesiástica negra. Não proponho uma nova ideia ou um novo método, antes procuro articular e aplicar uma prática que já existe.

Desejo argumentar que esse quarto elemento, essa interpretação assumidamente negra e ortodoxa da Bíblia, tem uma mensagem relevante para os cristãos negros de hoje. Quero defender a ideia de que os mais excelentes instintos da tradição da igreja negra — sua defesa pública da justiça, sua valorização do corpo e da alma negros, sua visão de uma comunidade de fé multiétnica — podem ser expressos de forma concreta por aqueles que se encontram no centro dessa tradição. Essa é uma ação contra o cinismo de alguns que duvidam que a Bíblia tenha algo a dizer; é uma ação a favor da esperança.

A fim de explicar como concluí que a tradição eclesiástica negra tem uma mensagem para nossa época, gostaria de conduzir o leitor por um rápido *tour* das comunidades exegéticas que conheço. Embora minha discussão talvez pareça se basear apenas em observações pessoais, ainda assim é arraigada em interações de longa data com estudiosos e pastores de cada tradição. Um estudo completo e nuançado seria tema para um livro inteiro, mas espero que, mesmo ao tecer críticas, tenha evitado caricaturas. Essa introdução preparará o cenário para o trabalho mais construtivo que ocupará a maior parte deste livro.

Progressistas, evangélicos e estudantes negros

No primeiro dia de faculdade, deparei com uma sala cheia de alunos brancos. Antes disso, tudo havia sido negro: igreja, vizinhança, escola e times esportivos. Minha universidade, em contrapartida, parecia ser 98% branca. Quando concordei em me matricular, sabia que era uma instituição majoritariamente branca. No entanto, os recrutadores me disseram que o desconforto cultural era um pequeno preço a pagar pelo ensino de alto nível. Que argumentos contrários eu poderia apresentar? Era apenas um adolescente, esforçando-me para encontrar meu rumo na terra desconhecida do ensino superior.

Resolvi fazer um bacharelado com ênfase em história e ciências da religião, pois esses dois assuntos, a história de meu povo e a fé cristã, ocupavam o centro de minha identidade. Tinha lido por própria conta sobre a vinda dos africanos para o continente americano, sobre a escravidão, a Guerra Civil, a reconstrução, o renascimento do Harlem, o movimento de direitos civis e a epidemia de *crack*. Mas queria saber mais. Precisava entender como havíamos chegado aonde estávamos e discernir como as lições da história poderiam me ajudar a encontrar um rumo para seguir em frente. E, o que era ainda mais premente, considerava que essa fosse uma história que precisava ser contada. Ao mesmo tempo, era cristão e havia sido ensinado a amar Jesus e as Escrituras. Queria ir além de respostas simples para perguntas difíceis. Queria ser desafiado e levado a entender minhas crenças, bem como as de outros. Em vez de escolher, resolvi correr atrás do melhor de dois mundos. Meu plano era estudar Bíblia e história. Quando cheguei ao final do segundo ano de faculdade, porém, só uma delas ainda estava em pé.

Todo aluno dedicado que experimenta pela primeira vez a chamada alta crítica bíblica se sente, inevitavelmente, um tanto perdido. Coisas que antes eram simples se tornam muito mais complicadas. Como conciliar os dois relatos da Criação em Gênesis? Como tratar das diferenças entre os Evangelhos? Como fazer Paulo e Tiago dialogarem um com o outro de uma forma que nos permita ouvir as duas vozes? O que fazer com Apocalipse? E quanto à violência no Antigo e no Novo Testamento e às passagens que fazem nossos ouvidos tinir?

Aprender sobre a Bíblia muda nossa fé (e, esperamos, a amadurece e aprofunda). Muita coisa depende daquilo que o professor em sala de aula procura fazer. Esse indivíduo não é nosso pastor; não é sua função ser cauteloso. Alguns se esquivam dos problemas e dizem que as dificuldades não são assim tão difíceis. Outros os enfrentam e traçam um caminho que os leva até o outro lado. Outros ainda têm um objetivo específico: a desconstrução.

Em minha primeira matéria bíblica, ingressei sem saber na guerra de cem anos entre evangélicos brancos e protestantes históricos brancos. Meus professores simpatizavam com estes últimos. Seu objetivo era livrar seus alunos do fundamentalismo branco que, a seu ver, era a causa dos males que assolavam o sul dos Estados Unidos. A versão aprimorada do sul era a igreja progressista dos protestantes históricos brancos. Ao que parece, para eles um sul progressista só seria possível quando rejeitássemos a centralidade da Bíblia em troca de algo mais *fundamental*, a saber, o consenso protestante histórico branco sobre política, economia e religião. Minha impressão era de que acreditavam que "as velhas histórias" e "os velhos deuses" eram proveitosos como narrativas para inspirar reflexão, mas não tinham como competir com as novas ideias transmitidas a nós por meio das declarações mais recentes dos intelectuais ocidentais. Nessa narrativa, os alunos negros não aparecem, verdadeiramente, como *agentes*. Somos o objeto de ações, e nosso sofrimento serve para exemplificar os males do fundamentalismo branco.

Meus professores tinham sua parcela de razão. Não é preciso se aprofundar muito na história para ver que os cristãos fundamentalistas no sul (e no norte) certamente fizeram grande mal aos negros. Usaram a Bíblia para justificar seus pecados pessoais e coletivos. Existe, porém, um segundo testemunho, possivelmente mais importante que o primeiro. É o testemunho dos cristãos negros que viram *nessa mesma Bíblia* a base para sua dignidade e esperança em uma cultura que, muitas vezes, lhes negou ambas. Meu professor, em sua tentativa de tirar a Bíblia dos fundamentalistas, também privou o cristão negro da rocha que o sustentava.[4]

Minha impressão era de que havia algo de errado nessa abordagem. Se as Escrituras eram fundamentalmente falhas e, em grande medida, inúteis sem a revisão de texto feita pelos protestantes históricos, então *o cristianismo era, verdadeiramente, religião do homem branco*. Estavam reconstruindo-a sem meu consentimento. Ademais, a forma dessa religião reconstruída portava a imagem do intelectual europeu do século 20.

Se é necessário rejeitar a Bíblia para libertar os cristãos negros, essa perspectiva parece deixar implícito que os fundamentalistas interpretaram a Bíblia corretamente. Tudo o que os racistas fizeram contra nós tem, portanto, forte justificação bíblica. A vitória de meu professor se parecia demais com a derrota de minha mãe. Ela havia explicado repetidamente para mim que os racistas não eram bons intérpretes da Bíblia, e que nós a estávamos interpretando corretamente quando víamos nos textos bíblicos que descreviam o valor de todas as pessoas uma confirmação da dignidade negra. A discussão acadêmica em sua totalidade havia sido elaborada e conduzida sem nenhuma consideração pelo testemunho negro. Eu era vítima da guerra de outra pessoa.

[4]Deixaremos de lado, por ora, o fato de que, embora eu aceite elementos da alta crítica, não considero convincentes todos os argumentos e conclusões de meus professores. Registrar essas divergências, contudo, geraria um livro de caráter diferente deste.

No fim das contas, essa guerra não me pareceu muito interessante, e decidi concentrar meus esforços no estudo de história. Abandonei as matérias de religião, não porque desafiavam minha fé com perguntas difíceis, mas porque não faziam *as perguntas difíceis certas*.[5] Não obstante, as perguntas levantadas naquelas aulas me encaminharam em uma jornada que, por ironia, me levou de volta a temas associados à Bíblia e a sua relação com a cultura negra.

A outra solução oferecida na universidade era o mundo evangélico que meus professores e outros haviam me instruído a evitar. Advertiram-me de que os evangélicos eram herdeiros dos fundamentalistas e que não eram dignos de confiança. Meu contato inicial com os evangélicos foi positivo. Falavam da Bíblia de uma forma que tinha pontos em comum com a igreja negra. Sua ênfase nas Escrituras me lembrou da tradição que havia me formado. Tendo em conta que *evangélico* significa coisas diferentes para pessoas diferentes, é importante esclarecer a que me refiro com esse termo. Muitos aceitam a definição do historiador David Bebbington como bom ponto de partida. Ele descreve quatro características:

- Conversionismo: a crença de que a vida precisa ser transformada por uma experiência de "novo nascimento" e pela caminhada com Jesus, processo que se estende ao longo de toda a vida.
- Ativismo: a expressão e demonstração do evangelho em trabalhos missionários e de reforma social.
- Biblicismo: elevada consideração pela Bíblia e obediência a ela como autoridade suprema.
- Crucicentrismo: ênfase no sacrifício de Jesus Cristo na cruz como o ato que possibilitou a redenção da humanidade.[6]

É de conhecimento geral que, em se tratando das crenças sobre a Bíblia e sobre a teologia cristã de modo mais amplo, os evangélicos e as igrejas

[5] Veja o capítulo sobre fúria dos negros para exemplos das perguntas que tenho em mente.

[6] David Bebbington, *Evangelicalism in Modern Britain: A History from 1730s to the 1980s* (London: Routledge, 1989), p. 1-17. Veja também Mark Noll, *The Rise of Evangelicalism* (Downers Grove: IVP Academic, 2003), p. 17-20.

negras têm muito em comum.[7] Poucas igrejas negras teriam objeções ao que aparece na lista acima. O problema é o que não aparece.

Meu tempo no meio dos evangélicos teve início depois que deixei de lado as matérias de religião para me concentrar em história, especialmente na história dos afro-americanos nos Estados Unidos. Quando me formei, decidi voltar a estudar teologia e fazer o mestrado nessa área em um seminário evangélico. Tomei essa decisão porque ainda não havia conseguido decidir entre pesquisa teológica e história e cultura negras. Ainda não tinha percebido que essa não era uma escolha necessária.

Quanto mais tempo passei entre os evangélicos, mais percebi que esses espaços podem gerar de maneiras sutis, e não tão sutis, certo desdém por aquilo que eles consideram "falta de refinamento" na cultura negra. Ouvimos que nossas igrejas não são teologicamente saudáveis, pois nem sempre nosso clero fala a linguagem dos meios acadêmicos. No seminário evangélico em que estudei, quase todos os autores que líamos eram homens brancos. Era como se todas as conversas importantes a respeito da Bíblia houvessem se iniciado quando os alemães começaram a desconstruir o texto bíblico, deixando a Bíblia em frangalhos até que os evangélicos entraram em cena para reconstruí-la. Aprendi os contornos da discussão entre evangélicos ingleses e liberais alemães. Ao que parecia, o que estava ocorrendo entre os cristãos negros tinha pouca ou nenhuma ligação com a verdadeira interpretação bíblica. Fiquei imerso nesse desdém e, mesmo ao rejeitá-lo sonoramente, senti a dúvida se infiltrar em meu subconsciente.

Por fim, comecei a observar algumas coisas. Embora eu me sentisse à vontade com boa parte da teologia do evangelicalismo, havia pontos de desconexão bastante reais. O primeiro era a forma como a igreja negra era retratada nesses círculos. Ouvi que o evangelho social havia corrompido o cristianismo negro. Em vez de depositar minhas esperanças nesse evangelho, devia voltar o olhar para a era dourada da teologia, correspondente aos primeiros anos de existência dos Estados Unidos ou ao período de forte

[7] De acordo com estudos realizados pela Pew Research, 59% dos protestantes históricos negros e 57% dos evangélicos creem que a Bíblia é a Palavra de Deus e deve ser interpretada "literalmente". Veja "Members of the Historically Black Protestant Tradition Who Identify as Black", Pew Research Forum, acesso em 25 de fev. de 2020, <www.pewforum.org/religious-landscape-study/racial-and-ethnic-composition/Black/religious-tradition/historically-Black-protestant>.

crescimento do protestantismo americano pós-guerra. Para o historiador dentro de mim, porém, era impossível não ver que esses pontos culminantes da fidelidade teológica coincidiam com os pontos mais baixos da liberdade dos negros.

Aprendi que, muitas vezes, junto com as quatro colunas do evangelicalismo descritas acima havia outras duas colunas implícitas. A primeira delas é a concordância geral sobre determinada interpretação da história americana que minimiza a injustiça, e a segunda é o acordo tácito de não falar sobre questões atuais de racismo e injustiça sistêmica. Como eu poderia me sentir à vontade em uma tradição que, com frequência, valoriza um período da história em que minha gente não podia comprar casas em qualquer bairro que desejasse nem frequentar as escolas às quais suas aptidões lhes davam acesso? Como aceitar um lugar em uma comunidade se o preço a ser pago para sentar-me à mesa era o silêncio?

Minha dificuldade não era apenas com as diferentes interpretações da história dos Estados Unidos e com questões de justiça, mas também com a forma como a Bíblia *operava* dentro de determinadas partes do evangelicalismo. Para muitos, a Bíblia havia sido reduzida ao âmbito das guerras intermináveis sobre as minúcias da doutrina de Paulo da justificação. Os verdadeiros estudiosos eram aqueles que conseguiam articular as mais recentes reviravoltas em uma discussão em andamento desde a Reforma. Sim, a questão de nossa situação diante de Deus é de importância vital (louvo a ênfase magnífica da Reforma). Mas eu me perguntava o que a Bíblia tinha a dizer sobre nossa maneira de viver como cristãos e cidadãos do reino de Deus. Afirma-se nesses meios que a Bíblia nos instrui a defender a santidade da vida, a autoridade do governo (o que inclui os militares e a polícia) e a liberdade religiosa. Cada uma dessas questões também é importante. Sou contra o aborto. Não sou anarquista. Mas e quanto à exploração sofrida por meu povo? E quanto a nossa dor, nossas lutas? Que partes da Bíblia tratam das esperanças dos negros, e por que essa questão não é premente em uma comunidade historicamente alienada dos cristãos negros?

Li comentários bíblicos que demonstravam pouco interesse pelo modo como o texto bíblico fala às experiências de cristãos negros. Quando havia uma tentativa de fornecer aplicações práticas para os textos, muitas vezes eram voltadas para cristãos brancos de classe média. Outros decidiam não oferecer aplicação nenhuma. Antes, estudiosos apenas descreviam o mundo judaico e cristão do primeiro século. Parecia-me sinal de condição social privilegiada tornar Paulo e Jesus prisioneiros do primeiro século. Paulo considerava que as Escrituras (o Antigo Testamento) eram um fogo que transpunha a brecha e falava às igrejas etnicamente mistas sobre a natureza de sua vida em conjunto. Que ideia audaciosa! Os pastores negros que eu conhecia tinham a mesma audácia de imaginar que os textos do Novo Testamento falavam diretamente a questões relevantes para cristãos negros. Esses pastores faziam parte de uma longa tradição de intérpretes negros que pensavam da mesma forma. Logo, embora eu considerasse valiosa a ênfase doutrinária nas Escrituras dentro do evangelicalismo, precisava ir além para me sentir pleno e completo como cristão. Percebi um forte chamado para me aprofundar nas raízes da tradição cristã negra a fim de lidar com os elementos complexos da existência como negro nos Estados Unidos.

Torcida por todos os negros: uma parada no caminho

No tapete vermelho antes do prêmio Emmy de 2017, a revista *Variety* entrevistou a escritora, diretora, produtora e atriz afro-americana Issa Rae. Perguntaram-lhe por quem ela estava torcendo para que recebesse o prêmio. Ela disse que estava torcendo por todos os negros. Por que deu essa resposta? Será que odiava todos os candidatos que não eram negros? Não. Ela respondeu dessa forma porque há tão poucos negros em Hollywood que cada vitória de um negro se torna motivo de celebração.

O que eu fiz em um mundo em que tão poucas vozes negras são proeminentes e em que os assuntos de meu povo eram desconsiderados? Comecei a procurar qualquer um que fosse negro. Saí em busca de teólogos que pudessem me ajudar a entender o que significa ser negro e ser cristão. Para quem passou por instituições de ensino como aquelas em que estudei, em que se ouvem tão poucas vozes de pessoas de pele escura, a jornada para encontrar "alguém negro" é, em vários momentos, solitária.

Quando eu descobria vozes teológicas afro-americanas em forma impressa, ficava exultante de encontrar alguém que parecia se preocupar com as mesmas questões que eu. Os diálogos nessas obras eram parecidos com as conversas nuas e cruas entre minhas tias e meus tios ao redor da mesa, conversas das quais só "gente grande" podia participar. Quanto mais eu lia, mais percebia que nem todos os meus tios e tias estavam ao redor daquela mesa, mas, sim, uma tia ou um tio específico, que eu conhecia bem. A maioria dos escritores negros com os quais tive contato era da linha progressista da tradição cristã negra. Foi uma ótima experiência interagir com esses autores, mas não conseguia me livrar da sensação de que faltavam algumas vozes.

Mais uma história. A meio caminho de completar este capítulo, fui convidado para dar uma palestra sobre interpretação bíblica negra para um grupo de pastores da COGIC. Comecei com uma apresentação em linhas gerais de boa parte do conteúdo do qual tratamos até aqui. Falei da igreja negra de minha infância, do protestantismo histórico, do evangelicalismo e da tradição progressista negra. Tinha planejado abordar os pontos fortes e fracos de cada um, mas um pastor me interrompeu no meio da palestra e perguntou o que eles deviam fazer. Comentou que aceitava minha crítica da ortodoxia complacente que não defende os oprimidos. Mas, quando ele envia seus obreiros para seminários e faculdades que têm essa preocupação pelos menos favorecidos, muitas vezes é à custa de convicções teológicas que, para ele, são de grande valor. Desejava saber onde podia encontrar uma instituição que tivesse forte preocupação social, mas que também levasse a sério a convicção de que as Escrituras são Palavra de Deus para nosso bem. Era possível estudar em um lugar que combinasse as duas coisas? A impressão é de que temos de ir a um lugar para aprender análise teológica e a outro para desenvolver prática social.

Essa conversa condensou para mim a sensação crescente de mal-estar com determinados elementos da abordagem progressista negra. Embora eu concordasse com parte da análise social, alguns progressistas negros demonstravam o mesmo desdém por crenças tradicionais que eu havia observado em meus professores das igrejas históricas. A principal diferença entre progressistas negros e brancos era que os primeiros criavam um diálogo entre a revisão da fé cristã e as experiências da comunidade negra. Para muitos deles, os conceitos tradicionais da fé cristã limitavam o trabalho de libertação. Com frequência, consideravam a Bíblia parte do problema tanto quanto era solução.

Para lhes fazer justiça, devo dizer que, muitas vezes, encontravam grande consolo nos temas amplos da Bíblia. Conheciam as palavras dos profetas e de Jesus sobre a dignidade que os pobres merecem e sobre o quanto são amados por Deus. Ao falarem dessas questões, refletiam uma tradição que eu conhecia, mas alteravam e adaptavam outros elementos da narrativa cristã de uma forma que eu não conseguia articular devidamente. Ademais, ouvi repetidas vezes que isso era *teologia negra*. Sentia-me dividido entre o que alguns teólogos negros me diziam que era teologia negra e minha experiência de vida e de igreja.

Quando Issa Rae declarou que estava torcendo por todos os negros no prêmio Emmy, estava se referindo a todos os concorrentes no evento. Sem dúvida, todos nós podemos reconhecer que alguns retratos da vida negra em Hollywood escritos e dirigidos por negros são problemáticos. Poucos diriam que não precisamos de discernimento. Descobri que também precisava aprender a fazer todas as minhas leituras, o que incluía os textos de teólogos negros, de forma crítica, tendo em conta o cenário de fé que, a meu ver, era mais condizente com as Escrituras.

É um tanto arriscado falar de leitura crítica, pois vozes negras tradicionais com frequência são usadas como armas em círculos evangélicos para atacar vozes negras progressistas. Alguns progressistas negros têm ideias que os evangélicos consideram problemáticas. Em vez de os evangélicos rejeitarem os progressistas negros de forma direta e correrem o risco de ser acusados de racismo, por vezes deixam esse trabalho nas mãos de teólogos conservadores negros.

Para os tradicionalistas negros, a fim de evitar a percepção de que seu trabalho é apenas uma representação simbólica da minoria negra, a alternativa é permanecer completamente afastados das discussões com progressistas negros. O problema é que há ocasiões em que uma discussão rigorosa é necessária. E há ocasiões em que simplesmente discordamos uns dos outros.

Em outras palavras, há um caminho bastante trilhado de apoio aos negros dentro dos meios conservadores brancos para quem se dispõe a depreciar a teologia negra (e a igreja negra), e ponto-final. Mas o oposto também ocorre: progressistas brancos muitas vezes transformaram em arma a voz de progressistas negros e os retrataram como a totalidade da tradição cristã negra, tudo isso em prol de objetivos sem qualquer ligação com as questões dos cristãos negros. O que proponho é um diálogo contínuo entre cristãos, no qual não se pressupõe que uma das partes esteja (ou ambas estejam) argumentando de má-fé, ou apenas papagaiando vozes brancas.

Ainda torço pelos estudiosos da Bíblia e teólogos negros. Precisamos de mais vozes, e não menos, mas isso não significa que não exista espaço para discordância e discussão rigorosas acerca da natureza, das fontes e dos meios para a tarefa interpretativa negra.

O método que nasce de minhas lutas

Apesar de tudo, minhas experiências com a tradição progressista negra me levaram de volta às origens com uma pergunta: Quais eram os elementos fundamentais da empreitada teológica negra em seus primórdios, especialmente no tocante à prática da leitura bíblica?[8]

O primeiro raio de esperança veio de Frederick Douglass, cujas palavras se tornaram uma espécie de bálsamo de Gileade:

> Minhas asserções acerca da religião e contra ela se aplicam estritamente à religião escravagista desta terra, sem nenhuma possível referência ao cristianismo propriamente dito; pois, entre o cristianismo desta terra e o cristianismo de Cristo, vejo a mais ampla distinção possível. [...] Amo o cristianismo puro, pacífico e imparcial de Cristo; portanto, odeio o cristianismo corrupto e escravagista, que açoita mulheres e rouba crianças do berço, o cristianismo de parcialidade e hipocrisia desta terra.[9]

Em seguida, Douglass faz uma distinção, não tanto entre cristianismo negro e branco, mas entre a religião escravagista e o cristianismo de Jesus e da Bíblia. Vim a entender que, da perspectiva histórica, o cristianismo negro afirma que a interpretação bíblica dos senhores escravagistas brancos usada para corroborar a degradação dos negros não era apenas uma modalidade de cristianismo a ser contrastada com outra. Antes, era uma interpretação errada. Com efeito, negros escravizados, até mesmo aqueles que permaneceram analfabetos, questionavam a exegese branca.

Também é fato bastante conhecido que essas pessoas escravizadas, contrariamente aos desejos de seus senhores, consideravam acontecimentos como a redenção de Israel da escravidão paradigmáticos para seu entendimento do caráter de Deus. Afirmavam que Deus é, fundamentalmente, libertador. O caráter de Jesus, que embora inocente sofreu injustamente

[8]Para uma discussão mais detalhada daquilo que descobri, veja o material adicional sobre o desenvolvimento do método eclesiástico negro.

[9]Frederick Douglass, *The Life of an American Slave* (Boston: Anti-Slavery Office, 1845), p. 117.

nas mãos de um império, tinha elementos profundos em comum com a situação da pessoa negra escravizada. O enfoque sobre Deus como libertador contrastava nitidamente com o enfoque dos senhores de escravos que enfatizavam o desejo de Deus de ordem social, na qual os senhores brancos ocupavam o lugar mais elevado e os negros escravizados, o lugar mais baixo. Mas a história não termina aí. Juntamente com a narrativa do Deus do êxodo encontramos o Deus de Levítico que chama seu povo a viver em santidade. Aqueles que haviam sido escravos podiam celebrar sua libertação física e sua transformação espiritual, nascidas de seu encontro com o Deus do Antigo e do Novo Testamento.

A situação social das pessoas escravizadas as levou a ler a Bíblia de forma diferente. Essa leitura assumidamente *localizada* tem caracterizado a interpretação afro-americana desde então. Será que essa localização social significou que os negros rejeitaram textos que não correspondiam a seu entendimento de Deus? Os negros criaram um cânone dentro do cânone?

Conta-se a história da experiência de Howard Thurman de ler a Bíblia para sua avó, que havia sido escrava. Em vez de sua avó deixar que ele lesse a Bíblia inteira, ela omitia partes das cartas de Paulo. A princípio, ele não questionou essa prática. Mais adiante, porém, criou coragem de lhe perguntar por que ela evitava Paulo:

> "No tempo da escravidão", disse ela, "o pastor do senhor branco às vezes fazia cultos para os escravos. O velho McGhee era tão maldoso que não deixava um pastor negro pregar para seus escravos. E o pastor branco sempre pregava sobre algum texto de Paulo. Pelo menos três ou quatro vezes por ano, ele usava a passagem: 'Escravos, obedeçam a seus senhores [...] como a Cristo'. E, em seguida, mostrava que era da vontade de Deus que fôssemos escravos e que, se fôssemos bem-comportados e contentes, Deus nos abençoaria. Prometi ao Criador que, se um dia eu aprendesse a ler, e se recebesse liberdade, não leria essa parte da Bíblia."[10]

Essa ideia levou alguns até a dizer que escravizados foram os primeiros a reconhecer as limitações das Escrituras. Sabiam que Deus era um Deus de liberdade e que deviam resistir a qualquer texto bíblico que dissesse outra coisa. Embora eu concorde que escravizados tenham resistido a todas as

[10]Howard THURMAN, *Jesus and the Disinherited* (Boston: Beacon Press, 1976), p. 30.

tentativas de usar a Bíblia para justificar a escravidão, creio que essa abordagem faz concessões demais. Deixa implícito que os senhores de escravos não tinham, eles próprios, um cânone dentro do cânone. Observe que, ao ler Paulo, o senhor de escravos ressaltava apenas alguns textos. Não obstante o que digamos acerca dos textos sobre escravos nas cartas paulinas, poucos afirmariam que as ideias de Paulo sobre escravidão se encontram no centro de seu universo teológico. É interessante observar, ainda, que outros trechos das cartas de Paulo, como Gálatas 3.28, não eram benquistos entre os senhores de escravos.

Ademais, sabemos que eles evitavam passagens do Antigo Testamento que falavam de Deus como libertador dos escravizados. Os negros não enfatizavam certas passagens de modo singular e liam outros trechos das Escrituras à luz delas; o elemento singular era *o que* os negros escravizados destacavam. Sua ênfase recaía sobre Deus como libertador e sobre a humanidade como uma só família unida debaixo do governo de Cristo, cuja morte pelos pecados nos reconcilia com Deus. De modo mais incisivo, argumento que a interpretação do êxodo pelos escravizados como paradigma para entender o caráter de Deus era mais fiel ao texto bíblico que as interpretações que começavam com as passagens sobre escravos nos textos paulinos.

Contudo, o problema atinge níveis ainda mais profundos. Os senhores de escravos concordavam que passagens como 1Timóteo 6.1-3 tinham aplicação limitada. Não a aplicavam a cristãos brancos. Portanto, no que dizia respeito à aplicabilidade das passagens sobre escravos a suas esposas e filhos, concordavam que o evangelho *os* libertava da sombra da escravidão. Elaboraram, porém, uma teoria de sub-humanidade dos africanos para justificar seus maus-tratos. No entanto, a interpretação bíblica feita pelos escravizados rejeitava essa categorização dos negros em um nível sub-humano e, portanto, tomava para si a mesma isenção de escravidão que se aplicava ao restante da criação de Deus.

Diante disso, proponho que a interpretação bíblica feita por escravizados, que deu origem aos primeiros movimentos da interpretação bíblica negra, era *canônica* desde seu surgimento. Fazia temas predominantes das Escrituras dialogarem com as esperanças e os sonhos dos negros. Também era inequivocamente *teológica*, pois textos específicos eram interpretados à luz de sua doutrina de Deus, de suas crenças acerca da humanidade (antropologia) e de seu conceito de salvação (soteriologia).

É verdade que negros foram atraídos para o cristianismo porque elementos da narrativa do Antigo Testamento e elementos da vida de Jesus coincidiam com sua experiência. Esses fatores não podem ser negados, mas assim como seu contexto se mostrou relevante em relação à Bíblia, também a Bíblia, como Palavra de Deus, exerceu impacto sobre eles. Expandiu seu entendimento de sua terrível situação e sua relação com a história humana mais ampla. Ao começar a refletir sobre o que eu estava lendo e vendo nessas fontes primárias, tornou-se claro o início daquilo que chamo instinto ou método eclesiástico negro.

Proponho que o diálogo, arraigado em princípios teológicos centrais, entre a experiência negra e a Bíblia tem sido o modelo até aqui e precisa ser levado adiante em nossos dias. Isso significa que é louvável participar daquilo que o conhecido estudioso do Novo Testamento Brian Blount chamou "experimento academicamente não ortodoxo" de dirigir ao texto perguntas que nascem da realidade de ser negro nos Estados Unidos.[11]

Não se trata de algo limitado a cristãos negros. Blount observa que "estudiosos, ministros e leigos euro-americanos [...] têm, ao longo dos séculos, usado seu domínio econômico, acadêmico, religioso e político para criar a ilusão de que a Bíblia, lida através das lentes de sua experiência, é a Bíblia lida corretamente".[12] A verdade é que todos leem a Bíblia a partir de sua perspectiva, mas nós, negros, somos honestos em dizer que o fazemos. O que caracteriza a interpretação negra de forma singular, portanto, é o conjunto de experiências coletivas, costumes e hábitos do povo negro em nosso país.

Todavia, o diálogo é uma rua de duas mãos. Se nossas experiências nos levam a fazer perguntas específicas e ímpares para as Escrituras, as Escrituras também fazem perguntas ímpares para nós. Embora certas experiências sejam comuns à humanidade, em alguns aspectos a Bíblia apresenta desafios específicos para os afro-americanos. Por exemplo, o tema do perdão e da fraternidade universal da humanidade é uma bênção e, ao mesmo tempo, uma provação para os cristãos negros em razão da opressão histórica e corrente dos negros nos Estados Unidos. Embora eu creia que

[11] Brian K. BLOUNT, *Then the Whisper Put on Flesh: New Testament Ethics in an African American Context* (Nashville, TN: Abingdon Press, 2001), p. 16.
[12] Idem, p. 15.

devamos dialogar com o texto, reconheço que a Palavra de Deus tem a última palavra.

Para aqueles que desejam continuar a asseverar o papel normativo da Bíblia na vida da igreja, de nada adianta desconsiderar as preocupações que pessoas de vários meios expressam a respeito da Bíblia. O caminho do progresso não consiste em voltar à ingenuidade de uma geração anterior, mas em avançar em meio às perguntas difíceis, norteados pelas raízes da tradição que nos foi transmitida. Proponho que adotemos o posicionamento de Jacó e nos recusemos a largar do texto enquanto ele não nos abençoar. Em outras palavras, adotamos uma hermenêutica da confiança, em que somos pacientes com o texto, convictos de que, ao ser interpretado corretamente, ele trará bênção, e não maldição. Isso significa que temos de realizar o trabalho árduo de ler o texto minuciosamente, atentando para o contexto histórico, para a gramática e para a estrutura.

Afirmo, portanto, que a interpretação bíblica negra foi e pode ser

- assumidamente *canônica* e *teológica*.
- socialmente localizada, isto é, que surge de modo inequívoco do *contexto* específico dos americanos negros.
- disposta a *ouvir* como as próprias Escrituras dão resposta e novo direcionamento às dificuldades e aos interesses associados aos negros.
- disposta a ter *paciência* com o texto, confiando que uma interpretação minuciosa e sensível traz bênção.
- disposta a ouvir e dialogar com as análises críticas negras e brancas da Bíblia na esperança de obter melhor entendimento do texto.

Uma implicação das segmentações de estudos bíblicos é que estudiosos negros muitas vezes se sentem divididos entre tradições de interpretação bíblica que têm como centro questões culturais e excluem a possível mensagem do texto e a desconsideração das questões culturais em troca de respeitabilidade. Essa é uma escolha desnecessária. Podemos ter ambas as coisas. Dependendo do contexto, podemos dar mais ênfase ao texto ou às questões que nossa cultura propõe.

O método dialógico abre a interpretação bíblica negra para outras tradições interpretativas. Se nossas culturas e histórias definirem a totalidade de nossa empreitada interpretativa, o preço da admissão talvez acabe por ser uma aquiescência total às peculiaridades da cultura. É o caso tanto para a dominação exercida pelos europeus sobre o texto quanto seria se a cultura negra determinasse todos os contornos da discussão. Mas se todos nós lermos o texto bíblico partindo do pressuposto de que Deus é capaz de nos transmitir uma mensagem coerente por meio dele, teremos condições de discutir os significados que nossas culturas diversas extraíram das Escrituras. Tenho em mente, portanto, uma missão unificada em que nossas culturas diversas se voltam para o texto em diálogo umas com as outras a fim de discernir a mente de Cristo. Na providência de Deus, isso significa que preciso da interpretação bíblica da Uganda, pois a experiência dos ugandenses lhes confere a capacidade de trazer para a conversa suas considerações singulares. Logo, a exegese afro-americana, exatamente pelo fato de que é norteada pela experiência negra, tem o potencial de ser universal quando é acrescentada ao coro de cristãos que atravessa eras e culturas.

Ao longo do restante do livro, meu objetivo é apresentar e exemplificar o modelo interpretativo eclesiástico negro. No segundo capítulo, procuro delinear uma teologia neotestamentária do policiamento, pois uma questão premente para os cristãos negros de hoje é a relação entre a população de modo geral e aqueles aos quais foi confiada a tarefa de servir e proteger nossas comunidades. No terceiro capítulo, pergunto o que o Novo Testamento tem a dizer a respeito de protestos políticos e do testemunho da igreja. Mostro que as Escrituras oferecem aos cristãos negros inúmeros exemplos e recursos para nortear o testemunho da igreja ao mundo que a observa. O quarto capítulo trata da questão da justiça. Valendo-me especialmente do Evangelho de Lucas, proponho que o Novo Testamento apresenta um retrato da sociedade justa distintivamente cristã e se mostra diretamente relevante para as esperanças dos cristãos negros. O quinto capítulo aborda a questão de etnia. Aqui, meu enfoque é bastante simples. Desejo descobrir se Deus me salva de minha negritude (o modelo de reino em que não há distinção de cores) ou se minha negritude é manifestação singular da glória de Deus. O sexto capítulo fala da questão da ira e da dor dos negros. Tendo em conta os maus-tratos que sofremos ao longo da história, existe uma forma de lidar com nossa frustração e ira a fim de promover cura? O último capítulo volta o foco para a questão por trás da maioria das questões, a saber, a relação entre a Bíblia e a escravidão. No fim, chegamos à liberdade da pessoa escravizada. Também inclui um breve apêndice (conteúdo adicional) que registra um pouco mais de minha análise do início do cristianismo negro e que teve de ser omitido deste capítulo por uma questão de espaço. Àqueles que tiverem interesse, recomendo que leiam esse conteúdo adicional antes de prosseguir com o restante do livro.

Praticamente cada um desses temas poderia gerar outro livro. Em razão das limitações de espaço, não poderemos discuti-los de modo completo. Os estudiosos talvez se queixem de que não discorri mais extensivamente sobre os temas, ou que não dialoguei com um maior número de posicionamentos. Não foi mesmo esse meu objetivo. Diante da escolha entre análise detalhada e facilidade de leitura, minha propensão foi, com frequência, escolher esta última. Em vez de tratar de todas as questões em todos os textos, meu objetivo é mostrar o caminho para uma interpretação bíblica que reflita a tradição que me formou e que continua a formar toda uma geração de estudiosos e pastores. Esta obra foi escrita para honrar seu testemunho que, com tanta frequência, permanece esquecido.

O presente livro não é, portanto, uma tentativa de oferecer explicações que nos livrem de todas as partes problemáticas da história da igreja, nem é uma defesa de toda a tradição cristã negra. Antes, é uma tentativa de mostrar que os instintos e os hábitos da *interpretação bíblica negra* podem nos ajudar a usar a Bíblia para tratar dos problemas de nossos dias. É uma tentativa de mostrar que, para cristãos negros, o processo em si de interpretar a Bíblia pode ser um exercício de esperança e pode nos ligar à fé de nossos antepassados. Mais que isso, é a tentativa de um filho de fazer jus à fé que lhe foi transmitida por sua mãe, representante de uma tradição que sustentou os negros de nosso país ao longo de séculos de sofrimento. É uma asserção de que a tradição eclesiástica negra tem algo a dizer em uma nota diferente das opções habituais apresentadas para aqueles que estudam a Bíblia e a teologia. É uma carta de amor de um filho um tanto rebelde para a igreja negra, de um filho que só percebeu a profundidade e o poder dessa igreja quando saiu em busca da verdade, e descobriu que ela sempre esteve presente em seu lar.

2

Liberdade é ausência de medo

O Novo Testamento e uma teologia do policiamento

Vou lhe dizer o que é liberdade. Liberdade é ausência de medo.

NINA SIMONE

Acaso o Juiz de toda a terra não faria o que é certo?

GÊNESIS 18.25

Aos 16 anos, eu não tinha dúvidas de que o futebol americano seria o caminho para conseguir uma bolsa de estudos para a faculdade.[1] As cartas e os telefonemas de técnicos dos times universitários haviam apenas começado a chegar, mas minha escola tinha uma longa tradição de enviar seus melhores atletas para a universidade. Eu só precisava mostrar bom desempenho em campo e não me meter em encrenca. A essa altura do ensino médio, havia me distanciado suficientemente da violência em minha vizinhança. Tinha o jogo de cintura necessário para lidar com as festas e as ruas de minha região de Huntsville. Não era conhecido como criminoso, mas como alguém que não era boa ideia incomodar. Minhas notas permitiriam que eu conseguisse entrar na faculdade sem grande preocupação.[2] Quando falo de ficar longe de encrenca, portanto, não me refiro a meu próprio comportamento.

Meu medo era ter problemas com a polícia, medo de ser abordado e ver a situação fugir do controle. Por que tinha esse medo? Porque não fazia

[1] Eu estava redondamente enganado; assim é o entusiasmo desmedido da juventude.

[2] Não era um aluno brilhante, mas esse não é um requisito para jogadores de futebol americano.

muito tempo que havia ocorrido o incidente com Rodney King, acontecimento que, numa época anterior aos vídeos de celular, confirmou de maneira nunca antes vista os medos dos negros.

Rodney King havia obrigado a polícia de Los Angeles a persegui-lo em alta velocidade. Por fim, quando conseguiram fazê-lo parar, quatro policiais o espancaram brutalmente assim que ele saiu do carro. O país inteiro viu as imagens do corpo ferido de King. No entanto, o medo não nasceu desse incidente. A maioria de nós tinha as próprias histórias, talvez não tão dramáticas, mas que também deixaram marcas por um longo tempo. Ser motorista negro não era um problema imaginário.[3]

Dentro dessa realidade, cheguei apreensivo ao penúltimo ano do ensino médio. Para evitar problemas, desenvolvi um ritual sempre que saía com meus amigos. Uma vez que eu não bebia nem fumava, oferecia-me para dirigir. Antes de sairmos, certificava-me de que ninguém estivesse portando nada ilegal. Drogas, álcool e armas não entravam em meu carro. Tomava todas as precauções ao meu alcance. Tudo estava em ordem, e só eu dirigia. Esse parecia o caminho mais seguro para chegar ao final do ensino médio e à faculdade.

Certa noite, havíamos planejado ir ao *shopping* e, depois, a uma festa na mesma região da cidade. Obviamente, a avenida principal para o *shopping* estava sempre cheia de adolescentes nas noites de sexta-feira. Resolvemos parar em um posto de gasolina nessa avenida para encher o tanque antes dos programas da noite. No posto, vimos quatro amigos que estavam a caminho da mesma região e os convidamos para se encontrarem conosco na festa. Quando eu tinha terminado de abastecer e estava para sair, vi que uma SUV preta havia colado atrás de meu carro. Estranhei a pressa do motorista. Momentos depois, outra SUV estacionou à minha esquerda, e mais uma à frente do carro. Imaginei que fôssemos ser assaltados, mas quem faria isso em um posto de gasolina todo iluminado perto de um *shopping*? O mistério se dissipou quando policiais saíram de uma das SUVs. Ordenaram que eu pusesse as mãos onde pudessem vê-las. Lembro-me de ouvir

[3]O melhor artigo curto a esse respeito é de Christopher Ingraham, "You Really Can Get Pulled Over for Driving While Black, Federal Statistics Show", *Washington Post*, 9 de set. de 2014, <https://www.washingtonpost.com/news/wonk/wp/2014/09/09/you-really-can-get-pulled-over-for-driving-while-black-federal-statistics-show/>.

meu amigo dizer que não ia pôr as mãos em lugar nenhum. Naquele instante, meu futuro passou diante de meus olhos. Será que todo o meu planejamento havia sido para nada? Meus sonhos morreriam ali, na frente de uma loja de conveniência, em troca de um pacote de salgadinho e alguns litros de combustível?

Falei para meus amigos se calarem e obedecerem às ordens do policial, e foi o que todos nós fizemos. Em seguida, os policiais mandaram que saíssemos do carro. Mais uma vez, obedecemos prontamente. Perguntei ao policial o que estava acontecendo. Por que haviam nos parado? Ele disse que aquele posto de gasolina era um conhecido ponto de drogas e que ele tinha nos visto vendê-las. Veio à mente que aquele também era um conhecido ponto de venda de gasolina. Mas o que eu podia fazer? Ele pediu nossos documentos, e todos entregaram sem protestar. Em seguida, os outros policiais revistaram cada um de nós e o carro para ver se não tínhamos nada ilegal. Fui tomado de uma sensação de impotência e de ira. A batida policial durou menos de vinte minutos. Não encontraram nada. Eu esperava que pedissem desculpas pelo ocorrido e explicassem o que havíamos feito, além de ser jovens negros em um posto de gasolina. Em vez disso, devolveram nossos documentos e disseram que podíamos ir embora.

Depois disso tudo, perdi a vontade de ir ao *shopping*. Levei todos para casa e fui dormir. Na manhã seguinte, percebi que havia escapado por um triz. Poderia ter perdido tudo: a bolsa de estudos da faculdade, o caminho para sair da pobreza, a oportunidade de ajudar minha família. Foram momentos de terror. Seria ótimo poder dizer que essa foi a única experiência desse tipo, ou a mais marcante. Pelas minhas contas, porém, fui parado entre sete e dez vezes em espaços públicos. Meu crime? Ser negro.

Essas palavras podem dar a impressão de que não gosto de policiais. Não é o caso. Conheço vários policiais íntegros. Sei que eles enfrentam grandes perigos e dificuldades inerentes à vocação que escolheram. Mas ter um trabalho difícil não absolve ninguém de críticas; apenas situa as críticas dentro de um contexto mais amplo. Para apresentarmos um quadro completo, também precisamos incluir aqui o histórico das interações da polícia com negros neste país. Se o nível de dificuldade do trabalho dos policiais faz parte do contexto, a aplicação de discriminação racial para a qual a lei dá margem e o terror causado a negros também fazem. Precisamos contar a história toda, por mais difícil que essa narrativa pareça.

Portanto, a questão de como os policiais tratam os cidadãos é premente na vida de pessoas negras. É surpreendente que, apesar das preocupações constantes dos afro-americanos, esse assunto tenha sido objeto de pouquíssima reflexão nas principais obras sobre ética do Novo Testamento.[4] Os autores dessas obras têm razão? A questão de como o Estado trata seus cidadãos é um assunto alheio ao Novo Testamento e, portanto, os negros que procurarem esse tema não encontrarão socorro em suas páginas?

O Novo Testamento fornece o início de uma teologia cristã para o policiamento em duas passagens, que consideraremos individualmente. Primeiro, examinarei o texto bastante difamado e mal interpretado de Romanos 13.1-7. Argumentarei que estudiosos não atentam para a sobreposição que existia entre os papéis de soldado e de policial na Roma antiga.[5] Essa desatenção os levou a ignorar que as palavras de Paulo sobre a espada, e sua ligação com a vontade e os limites do governo, são diretamente relevantes para a questão de como o governo policia seus cidadãos. Portanto, Romanos 13.1-7 é uma passagem fundamental para construir uma teologia neotestamentária sobre policiamento. Depois de mostrar sua importância, proporei que Romanos 13.1-7 não tem como objetivo apenas defender a ideia de um povo pacífico, que paga impostos e aquiesce aos que estão no poder. Argumentarei que Romanos 13.1-7 declara a soberania de Deus sobre o Estado. Paulo diz que os deveres de segurança pública do governo jamais devem causar terror aos inocentes. Com base nas considerações sobre essa ligação entre o soldado e o policial, voltaremos nossa atenção para o ministério de João Batista, conforme o registro do Evangelho de Lucas. Veremos que ele exorta os soldados/oficiais da lei a realizar seu trabalho com integridade. Encerrarei com uma breve análise das implicações de nossa exegese para a abordagem cristã à questão do policiamento.

[4]Veja, por exemplo, a obra de Richard A. Burridge (que em outros aspectos é excelente), *Imitating Jesus: An Inclusive Approach to New Testament Ethics* (Grand Rapids, MI: Eerdmans, 2007); e Richard Hays, *The Moral Vision of the New Testament: A Contemporary Introduction to New Testament Ethics* (San Francisco: HarperSanFrancisco, 1996).

[5]Christopher J. Furhmann, *Policing the Roman Empire: Soldiers, Administration, and Public Order* (Oxford, UK: Oxford University Press, 2012).

O assunto é mais amplo do que você imagina: Romanos 13.1-2 e o problema dos governantes perversos

À primeira vista, Romanos 13.1-2 não parece ser uma passagem produtiva para começar a falar dos *limites* que Deus estabelece para o modo como os cidadãos são tratados. O texto diz:

> Todos devem sujeitar-se às autoridades, pois toda autoridade vem de Deus, e aqueles que ocupam cargos de autoridade foram ali colocados por ele. Portanto, quem se rebela contra a autoridade se rebela contra o Deus que a instituiu e será punido.

O enfoque da passagem parece recair nos indivíduos, e não no Estado. Ademais, Paulo instrui esses indivíduos a se sujeitar às autoridades, pois elas foram colocadas nesses cargos por *Deus*. Aqueles que resistem a essas autoridades correm o risco, portanto, de se opor à vontade de Deus. Muitos consideram preocupante que Paulo não faça ressalvas.[6]

Será que não temos aqui um argumento de que a reação cristã apropriada a maus-tratos deve ser de obediência em meio ao sofrimento na esperança de uma correção escatológica das injustiças, e não revolução? A escatologia cristã é uma área de reflexão em que não faltam ideias deturpadas. A esperança da nova criação é retratada, com frequência, como um narcótico que nos leva à acomodação. No entanto, a escatologia não precisa ser colocada de lado como algo de pequena importância. O reino vindouro continua a ser um pilar central da teologia que não apenas nos dá esperança para o futuro, mas também anula o poder daqueles que podem matar o corpo, e nada mais (Mt 10.28). Não obstante, creio que Paulo tem em mente algo além de uma forma generalizada de mansidão aquém dos padrões bíblicos.

Temos de observar que os críticos de Paulo e de Romanos 13.1-2 não foram longe o suficiente. O problema não é que, de acordo com a interpretação deles, Paulo proíbe a rebelião contra governantes perversos. O problema são os próprios *governantes perversos*. Proponho que se trata de

[6]Leander E. Keck, in *Romans*, Abingdon New Testament Commentaries (Nashville, TN: Abingdon Press, 2005), diz: "O que divide e angustia comentaristas não é a opacidade dessa passagem, mas sua clareza" (p. 3.11). Veja também R. Cassidy, "The Politicization of Paul: Romanos 13.1-7 in Recent Discussion", *The Expository Times* 121, n. 8 (2010): p. 383-9.

uma questão não apenas exegética, mas também filosófica. O caminho pelo qual podemos avançar não se encontra apenas em uma nova perspectiva exegética, em uma nuança inédita de um verbo aqui ou de um pronome ali.[7] O caminho para sair do impasse é seguir a lógica do texto até o final.

Temos de perguntar, portanto: Por que um Deus bom, soberano sobre todas as coisas, permitiria que governantes perversos subissem ao poder? Em outras palavras, a questão não é nossa submissão a governantes perversos, mas a existência deles. Logo, a crítica de Paulo é uma forma modificada de teodiceia. Perguntar o que devemos fazer quando aqueles que são responsáveis por governar usam seu poder para fazer o mal contra outros é simplesmente outra maneira de perguntar por que o mal existe.

Uma abordagem ao problema do mal consiste em apresentar a cruz e a ressurreição como a resposta de Deus para essa pergunta. Não adoramos um Deus que permanece alheio; ele entra no sofrimento humano e, estando dentro dele, o redime. Nós, cristãos, não recebemos uma série de provas dedutivas que resolvem o problema do mal de forma satisfatória. Recebemos um ato de amor que nos persuade. E sabemos que essa persuasão não é uma promessa falsa, pois a ressurreição prova que Deus é soberano sobre a vida e a morte. De qualquer modo, nosso enfoque na escatologia não é singular. O niilista é igualmente motivado por sua escatologia. No seu caso, porém, ela é desprovida de esperança: comamos e bebamos, pois amanhã morreremos.

Mas voltemos a Paulo. O apóstolo tem algo a dizer sobre como o Estado trata seus cidadãos e sobre um posicionamento público de nossa parte que vá além da submissão? Sim. Proponho que as palavras de Paulo a respeito da sujeição às autoridades governantes devem ser consideradas à luz de quatro realidades: (1) o fato de Paulo usar o faraó *em Romanos* como exemplo de que Deus remove autoridades por meio de agentes humanos mostra que essa proibição de resistência não é absoluta; (2) o Antigo Testamento de modo mais amplo dá testemunho do uso, por Deus, de agentes humanos

[7]Isso não significa que a estrutura contextual em que colocamos o texto não tem importância. Há alguns exemplos relevantes de interpretações de Romanos que levam em conta nossos contextos e a carta de modo mais amplo. Para uma tentativa de realizar uma interpretação desse tipo, veja Monya A. Stubbs, "Subjection, Reflection, Resistance: An African American Reading of the Three-Dimensional Process of Empowerment in Romans 13 and the Free-Market", in *Navigating Romans through Cultures: Challenging Readings by Charting a New Course* (New York: T&T Clark, 2004), p. 171-98.

para derrubar governos corruptos; (3) à luz das duas primeiras proposições, podemos afirmar que Deus se mostra ativo por meio de seres humanos, mesmo quando não conseguimos discernir exatamente qual é o papel que desempenhamos; (4) portanto, devemos considerar que as palavras de Paulo dizem respeito mais a uma limitação de nosso discernimento que a uma limitação das atividades de Deus.

Primeiro, falemos de Paulo e do faraó. Romanos 9.17 diz: "Pois as Escrituras afirmam que Deus disse ao faraó: 'Eu o coloquei em posição de autoridade com o propósito de mostrar em você meu poder e propagar meu nome por toda a terra'". De acordo com o apóstolo, Deus é glorificado ao julgar reis perversos.

Deus removeu o faraó em razão de seu governo injusto e tirano. Êxodo deixa claro que esse acontecimento se deveu à exploração econômica, à escravidão e à crueldade com que os israelitas eram tratados:

> Então o SENHOR lhe disse: "Por certo, tenho visto a opressão do meu povo no Egito. *Tenho ouvido seu clamor por causa de seus capatazes. Sei bem quanto eles têm sofrido.* Por isso, desci para libertá-los do poder dos egípcios e levá-los do Egito a uma terra fértil e espaçosa. É uma terra que produz leite e mel com fartura, onde hoje habitam os cananeus, os hititas, os amorreus, os ferezeus, os heveus e os jebuseus. Sim, *o clamor do povo de Israel chegou até mim, e eu tenho visto como os egípcios os tratam cruelmente.* Agora vá, pois eu o envio ao faraó. Você deve tirar meu povo, Israel, do Egito".
>
> Êxodo 3.7-10, grifo nosso

De acordo com a descrição em Êxodo, a destruição do faraó é, em grande medida, obra de Deus. No entanto, Deus age por intermédio de *Moisés*. Paulo faz alusão a essa história quando fala da soberania de Deus em Romanos. Portanto, o apóstolo sabia de alguém (Moisés) que *não* se submeteu às autoridades, e tratou desse exemplo em Romanos. Isso significa que, em Romanos 13.1-2, ou Paulo tinha em mente alguma ressalva, ou então considerava que Moisés havia pecado.[8] Ademais, temos diversos exemplos

[8] Causa surpresa que o uso por Paulo da narrativa do faraó seja quase universalmente ignorado ao tratar de Romanos 13. A exceção digna de nota é Beverly Roberts GAVENTA, "Reading Romans with Simone Weil: Toward a More Generous Hermeneutic", *Journal of Biblical Literature* 136 (2017): p. 3-22.

de passagens do Antigo Testamento em que Deus usa seres humanos para derrubar governos em razão de sua perversidade.[9] Com base nessas duas realidades, creio que Paulo não se atém a adiar a correção de injustiças até o fim dos tempos. Antes, o apóstolo mostra ceticismo justificado a respeito de nossa capacidade de discernir se estamos operando dentro dos propósitos mais amplos de Deus. Em outras palavras, Deus julga instituições corruptas por meio de *seres humanos* no tempo dele, e não nos é concedido entendimento completo acerca de nosso devido papel nessas questões.[10]

Moisés talvez nos mostre o caminho para prosseguirmos. Quando ele era mais jovem, viu a opressão de seus compatriotas israelitas e, por isso, matou um egípcio (Êx 2.11-15). Sabemos que Moisés havia diagnosticado corretamente o problema da escravidão de Israel, mas sua solução não foi acertada. Posteriormente, no devido tempo, Deus concede a seu povo libertação duradoura e a associa à adoração correta e à transformação de Israel como nação (Êx 3.1-22).

A meu ver, portanto, devemos ler Romanos 13.1-2 como uma declaração a respeito da soberania de Deus *e* da limitação do discernimento humano. Podemos discernir e até condenar o mal, como fizeram os profetas. Podemos resistir, como fizeram as parteiras hebreias, bem como Daniel, Sadraque, Mesaque e Abede-Nego. Contudo, não temos condições de declarar que recebemos sanção divina quanto ao tempo e ao método corretos de resolver os problemas que discernimos.[11] Não se trata de limitar nossa capacidade como cristãos de chamar o mal por esse nome, mas devemos estar dispostos a sofrer as consequências de viver em um mundo decaído. Sabemos que o Estado foi incumbido de certas responsabilidades. Não somos anarquistas; reconhecemos que o Estado se encontra,

[9]Daniel 7.1-28, por exemplo, mostra a história se desdobrando na ascensão e queda de nações conforme a vontade do Senhor soberano de Israel.

[10]Stubbs propõe que Paulo talvez seja um pouco mais pragmático do que eu o considero. Ela diz: "Se essa passagem for lida à luz dos versículos que a cercam (12.1—13.14), não é tanto uma exigência prescritiva, mas, sim, uma exortação para que os cristãos romanos reconheçam sua realidade social em relação ao Estado romano que faz parte da existência da vida da comunidade cristã". Stubbs, "Subjection, Reflection, Resistance", p. 172.

[11]Proponho que a teologia de governo apresentada por Paulo não é muito diferente daquilo que encontramos em Daniel 2.20-21: "Louvado seja o nome de Deus para todo o sempre, / pois a ele pertencem a sabedoria e o poder. / Ele muda o curso dos acontecimentos; remove reis de seus tronos e põe outros no lugar".

verdadeiramente, *debaixo de Deus*. Os governantes têm deveres, e cabe a nós responsabilizá-los por seu cumprimento mesmo que signifique sofrer por fazê-lo de modo pacífico. Esse sofrimento só será em vão se a ressurreição não passar de uma mentira. Se a ressurreição é fato, e se o cristão baseia toda a sua existência em sua veracidade, nosso testemunho pacífico mostra uma nova e melhor forma de sermos humanos, que transcende o ciclo infindável de violência. Portanto, em Romanos 13.1-2, Paulo concorda com Jesus quando ele disse a seus discípulos que quem vive pela espada, morre pela espada (Mt 26.52).

Policiamento no Império

Embora as palavras de Paulo para indivíduos tenham recebido a maior parte da atenção dos exegetas, são suas palavras acerca do Estado que mostram o caminho para uma teologia cristã do policiamento. Em Romanos 13.3-4, Paulo fundamenta sua exortação à submissão ao Estado em uma descrição daquilo que o Estado deve fazer:

> As autoridades não causam temor naqueles que fazem o que é certo, mas sim nos que fazem o que é errado. Você deseja viver livre do medo das autoridades? Faça o que é certo, e elas o honrarão. As autoridades estão a serviço de Deus, para o seu bem. Mas, se você estiver fazendo algo errado, é evidente que deve temer, pois elas têm o poder de puni-lo, pois estão a serviço de Deus para castigar os que praticam o mal.

Duas considerações exegéticas e uma consideração histórica são essenciais para nossa interpretação dessa passagem. Primeiro, a consideração histórica. Muitos observaram que "têm o poder de puni-lo" (lit., "traz a espada") é associado aos militares romanos. A espada se refere a ações de militares por ordem daqueles que têm autoridade.[12] No entanto, Fuhrmann argumenta de forma persuasiva que a ascensão do Império foi acompanhada de um aumento nas atividades de "policiamento" pelos soldados.[13]

[12]Robert Jewett, *Romans: A Commentary*, Hermeneia (Minneapolis, MN: Fortress, 2007), p. 796; Leon Morris, *The Epistle to the Romans*, PNTC (Grand Rapids, MI: Eerdmans, 1987), p. 463-4.

[13]Fuhrmann, *Policing the Roman Empire*.

Diante disso, proponho que é possível entender as palavras de Paulo como um comentário sobre a função que os policiais devem desempenhar na sociedade. A essa observação histórica acrescento duas considerações exegéticas provavelmente não muito controversas. Primeiro, em Romanos 13.3-4, o centro da atenção de Paulo é a atitude do Estado, e não a vocação do soldado / policial. Em outras palavras, Paulo reconhece que o Estado exerce tremenda influência sobre o tratamento que o soldado / policial dispensa a seus cidadãos. Consequentemente, para que haja uma reforma, ela precisa ser estrutural, e não apenas individual. Em uma democracia, essa realidade serve de base para uma defesa estrutural dos direitos dos mais fracos. Segundo, Paulo diz que o governo não deve ser fonte de medo para os inocentes. O problema do medo dos inocentes continua a assolar as interações entre negros e policiais. Também nesse caso, as palavras de Paulo fornecem orientação sobre como a reforma deve acontecer.

O cristão romano e o soldado/policial

A fim de compreender as palavras de Paulo sobre a "espada", temos de fazer algumas coisas. Primeiro, temos de definir o que entendemos como polícia. Em seguida, ao descrever de que maneira os soldados policiavam o Império, temos de mostrar que no tempo de Paulo eles desempenhavam a função de policiamento. Essas considerações produzirão algumas ideias práticas sobre possíveis interações dos cristãos romanos com a espada.

Ao dizer que os soldados romanos eram policiais, não é minha intenção afirmar que atuavam como os policiais de hoje, cujo trabalho consiste exclusivamente em investigar crimes, realizar prisões e dar testemunho em tribunais.[14] Quando me refiro a policiais, tenho em mente "qualquer unidade organizada de homens sob comando oficial cujos deveres incluíam manter a ordem pública e o controle estatal em um contexto civil".[15] Os soldados romanos desempenhavam esse papel? Sim.

Em 48 a.C., Otaviano derrotou Marco Antônio e Cleópatra e, com isso, se tornou o único governante de todo o mundo romano. Uma das primeiras coisas que ele fez foi transformar as milícias romanas em um exército

[14] Idem, p. 4.
[15] Idem, p. 6.

permanente. Esse exército era responsável por manter a ordem pública.[16] Fazia parte dessa tarefa "montar guarda, acalmar tumultos públicos" e "investigar crimes".[17] Na cidade de Roma propriamente dita, Otaviano criou a guarda pretoriana, cujas responsabilidades incluíam os deveres de policiamento mencionados acima e a segurança de Otaviano e sua família.[18] De acordo com as estimativas mais confiáveis, havia nove coortes de guardas com quinhentos a mil soldados cada uma. Esses soldados/policiais eram destacados de suas legiões que ficavam fora da cidade e viviam no meio do povo.[19] Não vestiam uniforme militar e, em geral, recebiam um salário melhor que o dos demais soldados.[20] Além dessa guarda, Otaviano criou uma coorte de vigias urbanos, grupo cuja função inicial era apagar incêndios de modo geral e evitar incêndios criminosos. No entanto, esse papel foi expandido e passou a incluir a investigação de contravenções.[21] Juntas, a coorte de vigias e a guarda pretoriana tinham cerca de dez mil pessoas encarregadas de manter a ordem na cidade, aproximadamente um policial para cada cem pessoas.[22] Logo, as palavras de Paulo sobre a espada não eram um conceito abstrato. Conscientemente ou não, os cristãos romanos tinham contato frequente com a força policial do Estado.

Mostramos que a organização mais próxima de uma força policial em Roma era constituída de soldados postados na cidade com o propósito expresso de manter a ordem. Também mostramos que esses soldados/policiais não eram um elemento periférico da vida do cristão romano; antes, era de se esperar que o cristão romano tivesse contato com eles regularmente. Encontramos indícios dessa regularidade no próprio Novo Testamento, que de tempos em tempos mostra interações com soldados.

Podemos dizer algo mais? Onde exatamente o cristão depararia com essa força policial? Compreender a natureza desses contatos é essencial para entender as interações entre os cristãos e a "espada".

[16] Pat Southern, *The Roman Army: A Social and Institutional History* (Santa Barbara, CA: ABC-CLIO, 2006), p. 96-7.
[17] Fuhrmann, *Policing the Roman Empire*, p. 7.
[18] Southern, *Roman Army*, p. 115.
[19] Idem, p. 8.
[20] Idem, p. 115.
[21] Fuhrmann, *Policing the Roman Empire*, p. 117.
[22] Como Fuhrmann observa, é mais que na cidade de Nova York, em que há um policial para cada 190 pessoas; *Policing the Roman Empire*, p. 118.

Augusto, para justificar seu governo, elogiou a "paz" que havia trazido ao Império. Em sua famosa inscrição *Res Gestae*, o imperador lança mão da lenda antiga do fechamento da porta de Jano Quirino para mostrar a paz sem precedentes que ele havia trazido para Roma. Diz: "Nossos antepassados queriam que a porta de Jano Quirino permanecesse fechada quando, em todo o território governado pelo povo romano, por terra e mar, a paz houvesse sido conquistada por meio de vitória. Embora antes de meu nascimento essa porta tenha sido fechada duas vezes das quais se tem registro desde a fundação da cidade, durante meu principado o senado votou três vezes para que a porta fosse fechada".[23] Essa paz não foi apenas resultado de derrotar inimigos em terras estrangeiras; também foi decorrente de segurança em Roma. Parte dessa segurança implicava reduzir os crimes na cidade ao postar coortes em suas regiões mais problemáticas e investigar crimes. Esses soldados trabalhavam junto com os vigias, que também atuavam como guardas noturnos. Além disso, supervisionavam eventos de gladiadores e outras festas importantes da cidade.[24] Outra função dos soldados à qual se dá pouca atenção era o auxílio na coleta de impostos. Os coletores de impostos em Roma eram conhecidos por sua corrupção e, muitas vezes, cobravam a mais do povo e exigiam suborno.[25] Os soldados da Roma imperial não raro atuavam como a força bruta por trás das ameaças desses coletores de impostos.[26]

Há mais um grupo que temos de mencionar para encerrar nossa discussão sobre a segurança pública em Roma: os edis e seus funcionários. No tempo da república, sua função era cuidar dos templos e de alguns edifícios públicos da cidade. Com o tempo, seu papel se expandiu e passou a incluir a manutenção da ordem pública. Também supervisionavam o mercado, onde se certificavam de que os impostos fossem pagos e as balanças fossem justas. A inspeção das balanças levava comerciantes desonestos a subornar edis e seus funcionários para que os deixassem roubar dos fregueses.[27]

[23] AUGUSTUS, *Res Gestae*, trad. Thomas Bushnell (n.p.: n.p., 1998), § 13, <http://classics.mit.edu/Augustus/deeds.html>.

[24] FUHRMANN, *Policing the Roman Empire*, p. 117, 119.

[25] Pherme PERKINS, "Taxes in the New Testament", *The Journal of Religious Ethics* 12 (1984): p. 182-200.

[26] Idem, p. 183.

[27] FUHRMANN, *Policing the Roman Empire*, p. 60-1.

Logo, era possível o cristão romano deparar com a polícia ao estar no bairro "errado" da cidade tarde da noite. Sabemos que a maioria dos cristãos romanos não era rica e, portanto, muitos deles moravam nos bairros "errados".[28] Podiam ser abordados pelos vigias ou pela guarda de Otaviano simplesmente por morar nesses locais. Talvez fossem intimidados por guardas que tentavam obter umas moedas a mais nas datas de coleta de impostos. Donos de lojas cristãos talvez sofressem pressão para pagar uma "caixinha" para exercer sua atividade; do contrário, corriam o risco de perder para a concorrência. Sempre que a cidade fervilhava com celebrações e festividades, é possível que o cristão romano tivesse de ficar atento a soldados ansiosos para manter a boa ordem. Em resumo, membros da igreja romana podiam deparar com o Estado e sua espada a qualquer momento da vida diária. O contato do cristão romano com o poder do Estado, portanto, tem impressionantes semelhanças com as possíveis interações de afro-americanos com a polícia de nossos dias.

Paulo, reforma estrutural e ausência de medo

Agora que descrevemos em linhas gerais as realidades do policiamento na Roma antiga, podemos concentrar a atenção na exegese propriamente dita. Em Romanos 13.3-4, Paulo volta o foco para as autoridades, e não para os soldados. Diz: "As autoridades não causam temor naqueles que fazem o que é certo, mas sim nos que fazem o que é errado. Você deseja viver livre do medo das autoridades? Faça o que é certo, e elas o honrarão". Aqui, Paulo reconhece que a atitude do soldado para com as pessoas que moram na cidade será determinada, em grande medida, por aqueles que dão as ordens.[29] Se há um problema, ele não se encontra exclusivamente naqueles que carregam a espada, mas naqueles que a dirigem. Em outras palavras, Paulo não se concentra em ações individuais, mas em estruturas de poder.

Para os cristãos americanos, isso significa lidar com o fato de que, ao longo de séculos, não décadas, nosso governo elaborou leis cujo propósito

[28] Veja Peter Lampe, *From Paul to Valentinus: Christians at Rome in the First Two Centuries* (Minneapolis, MN: Fortress Press, 2003).

[29] Digo "pessoas que moram na cidade" propositadamente. A maioria não tinha cidadania romana.

era privar os negros de direitos.[30] Essas leis foram aplicadas pelo Estado por meio do poder da espada. Nos Estados Unidos, historicamente, essa é uma questão de pecado coletivo institucional apoiado pela força de policiamento do Estado.

O que o enfoque de Paulo sobre a *estrutura* significa para uma teologia cristã do policiamento? Significa que o mesmo governo que criou as estruturas tem certa responsabilidade de corrigir as injustiças e os erros cometidos. Ademais, se o poder verdadeiramente pertence *ao povo* em uma república democrática, nossa primeira responsabilidade como cristãos é nos certificar de que aqueles que têm a espada em nossa cultura usem-na de maneiras consoantes com nossos valores. Podemos e devemos responsabilizar governantes eleitos pelas ações coletivas de agentes do Estado que atuam em nosso nome. Além disso, como participantes de uma sociedade livre, temos capacidade de moldar a opinião pública quanto ao conceito de crime e quanto a como devemos enxergar os criminosos. Podemos criar uma sociedade em que os suspeitos de quebrar a lei são tratados como portadores da imagem de Deus, dignos de respeito. Uma teologia cristã do policiamento deve, então, nascer de uma teologia cristã da pessoa. Essa teologia cristã do policiamento deve se lembrar de que cabe ao Estado *apenas* administrar os cidadãos ou zelar por eles. O Estado não *criou* os cidadãos e não é dono deles nem os define. Deus é nosso Criador, e ele tratará com aqueles que procuram desfigurar a imagem de Deus em qualquer pessoa. Somos os cristãos que Deus nos chamou para ser quando lembramos o Estado dos limites de seu poder.

Uma segunda série de considerações exegéticas decorre da primeira. Paulo diz que os governantes (que controlam a polícia) não são causa de temor para os que têm boa conduta. Paulo faz essa declaração como fato. Tendo em conta, porém, o que ele disse sobre como Deus pode julgar nações e governantes por suas práticas corruptas, vemos que Paulo fala de um ideal. Ele sabe que alguns governantes são motivo de terror para os íntegros. Anteriormente em Romanos, Paulo mencionou um governante (o faraó) que aterrorizou inocentes, e esse governante foi julgado por Deus.

[30]Thomas Hoyt Jr., "Interpreting Bible Scholarship for the Black Church Tradition", in *The Stony Road We Trod: African American Biblical Interpretation*, ed. Cain Hope Felder (Minneapolis, MN: Fortress Press, 1991), p. 17-39.

Em Romanos 13.1-7, portanto, Paulo descreve as responsabilidades dos governantes como servos de Deus sem tratar diretamente do problema dos governantes *perversos*. Argumento que, na ausência dessa explicação em Romanos 13.1-7, temos liberdade de usar a referência de Paulo ao Egito e o relato bíblico mais amplo para preencher essa lacuna.

Agora, chegamos ao cerne da questão. A esperança negra em relação ao policiamento não é complicada. Paulo articula essa esperança de modo claro em Romanos 13.4. Queremos ter uma vida sem medo. Quando sou parado por um guarda na rua, tenho medo, pois a polícia foi motivo de terror em minha vida e na vida de meu povo. Esse terror tem sua origem no governo nacional, que muitas vezes considerou a cor de nossa pele algo perigoso. No último ano do ensino médio, eu não tinha medo de fazer alguma bobagem que me impedisse de entrar na faculdade. Se algo assim acontecesse, a responsabilidade seria minha. Era capaz de lidar com essa realidade. Meu medo era de ser visto como ameaça, pois, em uns poucos momentos tensos de interação com policiais, eu não teria como arrazoar com eles, nem dissipar séculos de desconfiança. Ainda tenho medo, pois me preocupo que meus filhos e milhas filhas vivenciem esse mesmo terror que marcou a vida do pai deles e de seus antepassados.

Para alguns, talvez esse medo pareça injustificado. É tentador apresentar estatísticas sobre negros e sobre o tratamento que a polícia nos dispensa. Não creio, porém, que estatísticas convencerão aqueles que são hostis a nossa causa. Ademais, estatísticas são desnecessárias para quem carrega no coração a experiência de ser negro neste país. Sabemos como é, e este livro é para nós.

Paulo fornece alguns pontos de partida para que os cristãos pensem no policiamento de uma perspectiva bíblica/teológica. Focaliza corretamente aqueles que controlam a espada, e não apenas o indivíduo. Essa ênfase dá ao pensador e defensor cristão espaço para refletir de forma estrutural a respeito de como uma sociedade justa deve tratar seus membros. Paulo também fala da ausência de medo, uma questão central para os negros. Sim, Paulo fala da responsabilidade do cristão para com o governo. E está certo. Não queremos anarquia. Reconhecemos de bom grado os possíveis benefícios proporcionados pelo governo. Também reconhecemos a capacidade da igreja de discernir o mal em ações do governo, embora não tenhamos soberania sobre a história e, portanto, não saibamos quando Deus julgará. Ainda assim, precisamos sempre nos lembrar de que as palavras de Paulo sobre a sujeição ao governo se encontram no contexto de uma Bíblia que mostra Deus agindo na história para cumprir seus propósitos. Deus exalta e Deus derruba. Para evitar ser derrubados, aqueles que são encarregados de governar devem fazer tudo o que estiver a seu alcance para construir uma sociedade em que pessoas negras possam viver, transitar e trabalhar livremente.

O testemunho de João Batista e as responsabilidades de policiais

Se estiver correta nossa tese de que o soldado é a figura mais próxima que temos do policial moderno, podemos encontrar nas interações com soldados no Novo Testamento esclarecimentos importantes para uma teologia cristã do policiamento. O ministério de João Batista no Evangelho de Lucas nos mostra uma dessas interações.[31]

É importante lembrar o papel que João desempenha na narrativa cristã mais ampla.[32] De acordo com os autores dos Evangelhos, Deus nomeou João para ser arauto do Messias vindouro e da era messiânica.[33] Todos os evangelistas associam João à figura descrita em Isaías. Aqui, focalizaremos a perspectiva de Lucas:

> O profeta Isaías se referia a João quando escreveu em seu livro:
>
> "Ele é uma voz que clama no deserto:
> 'Preparem o caminho para a vinda do Senhor!
> Abram uma estrada para ele!
> Os vales serão aterrados,
> e os montes e as colinas, nivelados.
> As curvas serão endireitadas,
> e os lugares acidentados, aplanados.
> Então todos verão a salvação enviada por Deus'".
>
> Lucas 3.4-6

[31] Quanto à importância de João Batista no Evangelho de Lucas, veja Clint BURNETT, "Eschatological Prophet of Restoration: Luke's Theological Portrait of John the Baptist in Luke 3.1-6", *Neotestamentica* 47 (2013): p. 1-24.
[32] É provável que o estudo acadêmico de referência sobre João Batista seja *John the Baptist in History and Theology* (Studies on Personalities of the New Testament), de Joel MARCUS.
[33] Veja Lucas 1.68-79.

Na citação de Isaías, não é o profeta que prepara o caminho para o messias vindouro; cabe à voz que clama no deserto nos preparar para o advento de Deus. Esse fato levanta a questão da identidade do rei vindouro. De qualquer modo, a exortação de João Batista ao arrependimento é uma ordem para que seus ouvintes se preparem para a vinda de Deus. No parecer de João, quem se recusa a mudar perde o novo êxodo que levará a uma nova herança, um êxodo a ser realizado por Jesus.

Aqueles que atendem ao chamado de João para se preparar perguntam: O que devemos fazer para participar do reino vindouro? João responde com sugestões práticas para diferentes grupos. Em nossa presente discussão, é relevante a resposta que ele dá aos soldados/policiais: "Não pratiquem extorsão nem façam acusações falsas. Contentem-se com seu salário" (Lc 3.14). Enquanto Romanos 13.3-4 se concentra na responsabilidade do Estado, Lucas 3.14 nos mostra as responsabilidades do policial como indivíduo. A seguir, examino as implicações daquilo que João diz ao focalizar as questões de (1) policiamento e poder, (2) policiamento e a imagem de Deus (novamente), e (3) policiamento e dinheiro.

Primeiro, temos de abordar a questão da identidade desses soldados. São judeus ou gentios? Qual é a natureza exata de seu trabalho? Tendo em conta a referência aos coletores de impostos nos versículos anteriores e o comentário de João sobre extorsão, é provável que ele tenha em mente os soldados que auxiliavam na coleta de impostos.[34] Contudo, o conselho de João não dependia diretamente da natureza exata do trabalho deles. Tendo em conta a possibilidade de policiais recorrerem a violência, é sua obrigação desempenhar suas funções com integridade.

João começa condenando a extorsão. Não subestime o peso dessa crítica. A extorsão vai além de meros subornos. Implica o uso de *poder* para explorar os fracos. Ela é possível apenas quando seu alvo não tem a quem

[34]John NOLLAND, *Luke 1—9.20*, WBC 35A (Grand Rapids, MI: Zondervan, 1989), p. 150; Bovon comenta: "É possível que esses soldados fossem mercenários de Herodes Antipas, governante não apenas da Galileia, mas também da Pereia". François BOVON, *Luke 1: A Commentary on the Gospel of Luke 1.1—9.50*, Hermeneia 63a (Minneapolis, MN: Fortress Press, 2002), p. 397; de acordo com Culpepper, eles "provavelmente não eram romanos, mas mercenários locais que serviam a Herodes ou ao procurador romano. Seu papel, portanto, era semelhante ao dos coletores de impostos". R. Alan CULPEPPER, "The Gospel of Luke", in *The Gospel of Luke—The Gospel of John*, NIB 9 (Nashville, TN: Abingdon Press, 1995), p. 85.

recorrer. Isso significa que João estava preocupado com uma forma de policiamento em que aqueles que tinham poder usavam-no como meio de obter benefícios para si mesmos à custa dos mais vulneráveis. Portanto, sua crítica a acusações falsas não pode ser separada da extorsão, pois a extorsão muitas vezes se apoia em acusações falsas. Se a pessoa sendo extorquida se recusasse a aquiescer, poderia ser "acusada" de crimes que não havia cometido.

É possível que João também tivesse em mente o soldado que entrega alguém só para satisfazer um capricho de seu superior ou para alcançar algum objetivo político. Essa entrega de indivíduos como ofertas sacrificiais para a manutenção do *status quo* nega a imagem de Deus presente em cada um de nós. O relato da crucificação de Jesus traz a acusação falsa paradigmática. Quando o Evangelho de João narra as palavras fortuitamente profundas de Pilatos: "Vejam, aqui está o homem!", refere-se a Jesus como o verdadeiro ser humano que veio para restaurar todos nós. Ao mesmo tempo, João deixa claro que até como inocente condenado à morte Jesus é, inequivocamente, uma *pessoa*. É isso que os negros desejam instilar na consciência daqueles que nos policiam. Vejam-nos como pessoas dignas de respeito em todas as ocasiões. A forma como Jesus é tratado pelos soldados nos parece absurda porque ele era inocente das acusações (Mt 27.27-30), mas será que os culpados merecem receber açoites e ser alvo de zombaria? Mateus 27.27-30 mostra como um sistema corrupto pode distorcer a alma daqueles que são responsáveis por atuar dentro dele. João exorta aqueles que se encontram nesse sistema a elevar-se acima da tentação de desumanizar outros e a agir com integridade.

Por fim, João exorta os responsáveis pelo policiamento a se contentar com seu salário. Essa observação também indica uma ligação entre policiamento e dinheiro. Soldados/policiais devem se contentar com o que recebem pelo trabalho que fazem. Hoje em dia, essa ideia se aplica a multas excessivas aplicadas aos pobres e que só servem para enriquecer o Estado. Para João Batista, dinheiro nunca pode falar mais alto que justiça. O que João acrescenta a uma teologia cristã do policiamento? Acrescenta a responsabilidade pessoal e a integridade dos policiais. Exorta aqueles que têm poder a usá-lo para manter a dignidade inerente de todos os habitantes da cidade e a nunca usar esse poder para atender a seus próprios interesses.

Conclusão

Tocamos apenas a superfície do retrato de policiamento apresentado pelo Novo Testamento, mas creio que consegui desenvolver meu argumento central. O paralelo mais próximo com os policiais de hoje eram os soldados encarregados de manter a ordem nas cidades grandes e pequenas do Império. Especialmente em Roma, esses soldados influenciavam todos os aspectos da vida dos cristãos. Embora Paulo focalize as responsabilidades de indivíduos para com o Estado, ao longo de sua discussão ele define as responsabilidades do Estado para com os indivíduos. O Estado deve se lembrar de que não é divino nem infalível. É encarregado de administrar aquilo que pertence a Deus. Romanos 9.17 mostra que essa função pode ser removida. De qualquer modo, ela abrange a segurança pública. Portanto, aqueles que governam países são responsáveis pela cultura de policiamento que incentivam. Faz parte de nosso chamado como cristãos lembrar as autoridades da necessidade de criar um ambiente em que as pessoas possam viver sem medo. Esse tem sido o repetido motivo de lamentação dos negros. Não devemos viver com medo. O bem deve ser recompensado e o mal deve ser castigado. Ao longo da história dos Estados Unidos e no presente, não é o que tem acontecido. Antes, o Estado tem usado a espada para inspirar medo transmitido de uma geração à outra em igrejas e lares cristãos negros, mas esse medo nunca teve a última palavra. Cristãos negros se lembraram de que não precisam temer aqueles que podem matar apenas o corpo. Em nossos momentos mais excelentes e cristãos, exigimos nosso direito de filhos de Deus. Mas esse direito não deve ser comprado com nosso sangue, nem com nossa saúde mental. Uma teologia do policiamento é, portanto, uma teologia de liberdade.

Enquanto Paulo falou do poder do Estado e da espada, João Batista voltou o olhar para os soldados como indivíduos. Não os exortou a realizar grandes feitos de bravura física, mas sim feitos de virtude heroica. Lembrou-os de que o poder não precisava transformá-los em malfeitores que exploravam outros. Podiam ser defensores dos fracos. Uma teologia cristã do policiamento volta a atenção, portanto, para o Estado e o chama a se lembrar de seus deveres. Volta a atenção também para os policiais e exige que reconheçam a responsabilidade tremenda e o potencial do trabalho que realizam. Se nos lançarmos nessa empreitada de exortar os policiais e o Estado a serem o que Deus os chamou a ser, talvez as esperanças dos negros no tocante à polícia de nosso país se realizem.

3

Pés cansados, alma revigorada

O Novo Testamento e o testemunho político da igreja

Os pé tá cansado, mas a alma tá revigorada.

Mãe Pollard

Acaso me tornei inimigo de vocês porque lhes digo a verdade?

Gálatas 4.16

Em 12 de abril de 1963, oito ministros — dois bispos metodistas, dois bispos episcopais, um bispo católico, um rabino, um pastor presbiteriano e um batista — escreveram uma carta aos cidadãos do estado de Alabama. Foi o segundo pronunciamento deles. O primeiro, escrito quase três meses antes, em 16 de janeiro, recebeu o título: "Apelo por Lei, Ordem e Bom Senso". Pedia o fim da violência associada aos protestos por direitos civis em Alabama e suplicava para que ambos os lados do conflito sobre os direitos civis de afro-americanos confiassem no sistema judiciário. Embora o texto observasse que "todos os seres humanos são criados à imagem de Deus e devem ser respeitados como semelhantes com todos os direitos básicos, privilégios e responsabilidades pertinentes à humanidade", não se posicionava com firmeza contra a segregação. Era o exemplo perfeito de moderação.

Três meses depois, esses oito indivíduos redigiram outra carta. Dessa vez, o pronunciamento trazia uma crítica não muito velada a Martin Luther King Jr. e ao Conselho de Liderança Cristã do Sul, caracterizado por eles como "intrusos agitadores" cujas ações não promoviam a causa da paz.[1] Questionavam a eficácia do testemunho político do Rev. Dr. King e de outros. Destacavam que "essas ações que incitam ódio e violência, por mais tecnicamente pacíficas que sejam, não contribuíram para a resolução de nossos problemas locais. Não cremos que esses dias de nova esperança sejam dias em que medidas extremas são justificadas em Birmingham".[2] A crítica das ações de King e da tradição cristã negra de protestos que apoiava essas ações foi articulada por um grupo que representava um consenso ecumênico branco do sul. Líderes batistas, metodistas, presbiterianos, católicos, episcopais e judeus se opuseram a King.[3]

O texto que conhecemos como "Carta de uma Prisão em Birmingham" é uma réplica não apenas aos oito ministros, mas a determinada abordagem à religião (ao cristianismo) que se preocupa mais com a lei e a ordem que com as exigências do evangelho. Ao responder a esses oitos líderes, King explica por que está em Birmingham:

> Estou em Birmingham porque a injustiça está aqui. Assim como os profetas do oitavo século a.C. deixaram suas vilas e levaram seu "assim diz o Senhor" muito além dos limites de suas cidades natais, e assim como Paulo deixou a vila de Tarso e levou o evangelho de Jesus Cristo aos confins do mundo greco-romano, também eu sou impelido a levar o evangelho da liberdade além de minha cidade natal. Como Paulo, devo atender constantemente ao pedido macedônio por ajuda.[4]

Quase sessenta anos depois que essa carta foi publicada, a discussão em torno do papel que a igreja deve exercer no âmbito público prossegue. Havia alguma semelhança entre a missão de King de acabar com a segregação e criar uma sociedade justa e a obra de Paulo e dos profetas ou era apenas política partidária? Sua crítica pública e contínua da estrutura de poder político de sua época era um elemento de seu ministério pastoral ou uma digressão?

[1] C. C. J. Carpenter et. al., "A Call for Unity", 12 de abr. de 1963, <https://www3.dbu.edu/mitchell/documents/ACallforUnityTextandBackground.pdf>.

[2] Idem.

[3] Para uma análise sobre esses oito homens e suas histórias antes e depois dessa carta, veja S. Jonathan Bass, *Blessed are the Peacemakers: Martin Luther King Jr., Eight White Religious Leaders, and the "Letter from Birmingham Jail"* (Baton Rouge, LA: LSU Press, 2001).

[4] Martin Luther King Jr., "Letters from a Birmingham Jail", in *I Have a Dream: Speeches and Writings That Changed the World*, ed. James M. Washington (New York: HarperCollins, 1992), p. 83-106.

Para muitos cristãos negros, a resposta para essa pergunta é óbvia. Nunca pudemos nos dar o luxo de separar nossa fé da ação política. A igreja negra nasceu em uma era que a obrigou a protestar contra uma prática estabelecida pelo Estado: a escravidão. Quando Frederick Douglass fez sua famosa pergunta: "O que é o Quatro de Julho para o escravo?", não indagou apenas a respeito dos *Estados Unidos da América*. Indagou a respeito do *cristianismo americano*:

> O que é o Quatro de Julho para o escravo americano? Respondo: é um dia que lhe revela, mais que todos os outros dias do ano, a injustiça e a crueldade terríveis das quais ele é vítima constante. Para ele, sua celebração é uma impostura; a liberdade da qual vocês se gloriam é licenciosidade profana; sua grandeza nacional é vaidade ufanista; seus sons de regozijo são vazios e cruéis; sua condenação de tiranos é impudência arrogante; seus gritos de liberdade e igualdade são zombaria desprezível; *suas orações e seus hinos, seus sermões e ações de graça, com toda a pompa e solenidade religiosas, são, para Deus, apenas presunção, enganação, dissimulação, impiedade e hipocrisia, um fino véu para encobrir crimes que envergonhariam uma nação de selvagens.*[5]

Quando Douglass destacou a hipocrisia das celebrações religiosas da liberdade realizadas pelos cristãos americanos ao mesmo tempo que escravizavam outros, chamou-os a colocar sua fé em prática ao estabelecer uma sociedade verdadeiramente igualitária e livre. Afirmou que este país não podia falar de grandeza enquanto não reconhecesse o que havia feito a pessoas de pele escura.

A Bíblia corrobora as asserções de Douglass e do Rev. Dr. King? Mais precisamente, o que o Novo Testamento diz a respeito do testemunho político da igreja diante de tendências opressoras do Estado?

Este capítulo começa com uma crítica e, em seguida, passa aos testemunhos de Jesus, Paulo e João. Meu objetivo na primeira seção é explícito. Desejo mostrar que se toda a nossa teologia política é construída sobre interpretações equivocadas de 1Timóteo 2.1-4 e Romanos 13.1-7, contrariamos as evidências presentes no Novo Testamento de crítica e protesto político. Depois desse trabalho de desconstrução, teço considerações sobre as palavras de Jesus acerca de Herodes (Lc 13.32), sobre a rejeição por Paulo de toda a ordem política e

[5]Frederick Douglass, "The Meaning of July Fourth for the Negro", 5 de jul. de 1852, <http://masshumanities.org/files/programs/douglass/speech_complete.pdf>, grifo nosso.

social (Gl 1.4) e sobre a descrição de Roma por João (Ap 18). Para encerrar, chamo Jesus de volta ao palco para nos falar de promover paz (Mt 5.9). Veremos que os escravizados e seus descendentes que se dedicaram à ação política lançaram mão de um importante elemento do testemunho neotestamentário.

Oração, submissão e os textos que focalizamos

Várias teologias políticas do Novo Testamento amplamente aceitas começam com Romanos 13.1-7 e 1Timóteo 2.1-4. Ao focalizar esses textos, os cristãos se conscientizam dos seguintes deveres: (1) sujeitar-se ao Estado, (2) pagar impostos e (3) orar pelos líderes. Nenhum desses três deveres é, em si mesmo, errado. São apenas limitados quanto a sua abrangência.

No contexto dos Estados Unidos, a crença muitas vezes tácita na sabedoria e bondade coletivas serve de base para a exortação a sujeitar-se ao governo e orar. Na opinião de muitos, se dermos tempo e espaço para nosso governo, ele escolherá o que é bom, justo e verdadeiro. Pede-se que tenhamos paciência (também uma virtude cristã) enquanto consertamos o que está quebrado. Vemos essa crença em nossa bondade e essa exortação à paciência na carta endereçada ao Rev. Dr. King que mencionamos acima.

Cristãos afro-americanos que sofrem e morrem enquanto outros lhe dizem para ser pacientes têm direito de perguntar o que motiva nossos irmãos em Cristo a tomar essas passagens como ponto de partida. Também temos o direito de perguntar se 1Timóteo 2.1-4 e Romanos 13.1-7, quando lidos juntos e no cenário de protestos negros por liberdade, estão sendo usados para distorcer a mensagem do Novo Testamento. Como observamos anteriormente, a questão não é a autoridade desses textos. Antes, a questão é se estão sendo usados como armas nas discussões sobre o testemunho político da igreja.

Não é hora de argumentar novamente sobre Romanos 13.[6] Propus anteriormente que (1) os problemas que alguns têm com Romanos 13.1-2 são mais associados a teodiceia que a governantes; (2) Romanos 9.16 e o testemunho mais amplo do Antigo Testamento nos dão exemplos em que Deus usa *seres humanos* para derrubar regimes corruptos; e, portanto, (3) devemos considerar que Romanos 13.1-7 mostra nossa incapacidade de discernir quando virá

[6]Veja o capítulo anterior.

o julgamento de Deus. Isso não significa que um cristão não pode protestar contra injustiça, mas, sim, que não temos justificação divina para uma revolução violenta. Sujeição e aquiescência são duas coisas diferentes.

Mas e quanto a 1Timóteo 2.1-4? Acaso essa passagem não ordena que oremos por nossos governantes? O problema aqui, mais uma vez, não é a exortação para orar, mas sua interpretação dentro de um contexto de expressão política negra limitada. O texto de 1Timóteo 2.1-4 diz:

> Em primeiro lugar, recomendo que sejam feitas petições, orações, intercessões e ações de graça em favor de todos, em favor dos reis e de todos que exercem autoridade, para que tenhamos uma vida pacífica e tranquila, caracterizada por devoção e dignidade. Isso é bom e agrada a Deus, nosso Salvador, cujo desejo é que todos sejam salvos e conheçam a verdade.

Duas coisas ficam evidentes. A preocupação de Paulo é que oremos por todos, não apenas por reis e governantes. Somos chamados a orar para que possamos realizar desimpedidamente a obra de ser povo de Deus.[7] Uma vez que governantes e reis exercem grande impacto sobre nossa qualidade de vida, oramos para que nos deem o espaço necessário para fazer nosso trabalho.[8] Os cristãos negros não têm nenhum problema em orar por liberdade para realizar a missão da igreja sem entraves. A questão diante de nós é justamente o que fazer quando aqueles que ocupam cargos de autoridade levantam obstáculos para que vivamos como cristãos livres.

O conceito equivocado, mas amplamente difundido, de que os cristãos são chamados a orar mas não a falar abertamente sobre questões contemporâneas, não leva em conta o que Paulo diz sobre justiça em 1Timóteo. Uma rápida leitura do primeiro capítulo revela que Paulo faz uma crítica não muito sutil às práticas e leis de Roma.

Em 1Timóteo 1.8-11, Paulo afirma que a lei não foi criada para os justos, mas para os ímpios. Seu objetivo é mostrar que a lei prescreve castigos para os perversos, e não para os que são obedientes a seu Criador. Em seguida, o apóstolo apresenta os tipos de impiedade que a lei do Antigo Testamento

[7]James D. G. DUNN, "The Letters to Timothy and the Letter to Titus", in *2 Corinthians–Philemon*, NIB 11 (Nashville, TN: Abingdon Press, 2000), p. 797.

[8]Quanto à ligação entre paz e espaço para realizar a obra da salvação, veja Clarice J. MARTIN, "1—2 Timothy, Titus", in *True to Our Native Land: An African American Commentary on the New Testament* (Minneapolis, MN: Fortress Press, 2007), p. 420.

condena. Um dos grupos que ele destaca é constituído de *andrapodistais*, traficantes de escravos.[9] Ele coloca esses traficantes de escravos na categoria daqueles que são contrários "ao ensino verdadeiro", à sã doutrina (1Tm 1.10). Quando Paulo se refere à sã doutrina (*didaskalia*), tem em mente o ensino recebido de cristãos de toda parte.

Logo, no parecer dele, o tráfico de escravos é um *erro teológico* a ser rejeitado pelos cristãos. Não sou especialista na legislação romana referente à escravidão, mas tenho certeza de que não havia leis contra o tráfico de escravos. Aliás, essa atividade era considerada uma boa forma de ganhar dinheiro.[10] Portanto, na passagem imediatamente anterior à exortação de Paulo para que oremos pelos líderes, ele critica uma prática estabelecida do Império e a considera perversa e sinal de comportamento ímpio. Orações por líderes e críticas de suas práticas não são ideias mutuamente exclusivas. Ambas têm base bíblica na mesma carta.

O propósito desta seção não foi criticar a oração. Sendo um ministro anglicano, oro por nossos líderes como parte da liturgia semanal aos domingos e como parte de meu tempo devocional pessoal. O objetivo foi destacar os problemas que ocorrem quando consideramos que nosso envolvimento se resume à oração. Passo agora a exemplos mais positivos de envolvimento com o âmbito público e crítica aos governantes do Novo Testamento, começando com Jesus.

O testemunho de Jesus em favor da resistência política

Em um nível, podemos olhar para a totalidade do ministério de Jesus como um ato de resistência política. Lucas 1—2 situa o nascimento de Jesus cla-

[9]George W. Knight III, *The Pastoral Epistles*, The New International Greek Testament Commentary (Grand Rapids, MI: Eerdmans, 1992), p. 86. Harril afirma que Paulo não tem em mira, literalmente, traficantes de escravos; antes, o autor (não Paulo) lança mão de uma convenção retórica em que "traficante de escravo" era uma expressão usada para descrever alguém imoral de modo geral. Creio, porém, que a ligação com os Dez Mandamentos e com as proibições do Antigo Testamento é mais forte. J. A. Harrill, "The Vice of Slave Dealers in Greco-Roman Society: The Use of a Topos in 1Timothy 1:10", *Journal of Biblical Literature* 118, n. 1 (1999): p. 97-122. Quanto à ligação entre a lista de condutas condenáveis em 1Timóteo 1.8-11 e o Decálogo, veja o comentário de Knight mencionado acima.

[10]Veja A. B. Bosworth, "Vespasian and the Slave Trade", *The Classical Quarterly* 52 (2002): p. 350-7.

ramente no reinado de Augusto e no governo de Herodes, o que levanta a questão de quem é o verdadeiro rei de Israel e do mundo. Os Evangelhos mostram que, apesar das aparências, o verdadeiro rei com toda a autoridade é Jesus (Mt 28.18-20). Meu enfoque não recairá no ministério de Jesus como um todo. Desejo apenas explorar as implicações de sua descrição de Herodes em uma interação com os fariseus.[11]

A cena é breve, mas repleta de significado. Os fariseus, que ao longo da narrativa de Lucas se tornam cada vez mais desconfiados do trabalho de Jesus, advertem-no a deixar a região porque Herodes deseja matá-lo. Por que Herodes considera Jesus uma ameaça? Sem dúvida não está especialmente preocupado com o fato de Jesus transgredir leis alimentares e referentes ao sábado. Também não é porque Jesus instrui as pessoas a amar a Deus e ao próximo. Não é porque Jesus exalta a graça de Deus e aponta para a inclusão dos gentios. Essas questões não seriam motivo suficiente nem para despertar Herodes de um cochilo. No entanto, algo relacionado a Jesus leva os fariseus a lhe dizer: "Vá embora daqui, pois Herodes Antipas quer matá-lo!" (Lc 13.31).

Alguns relatos da vida e do ministério de Jesus consideram inexplicável que ele tenha morrido nas mãos do Estado. Para Herodes, Jesus não representava uma ameaça porque era compassivo e curava outros, ou porque falava de justiça, arrependimento e transformação. Herodes considerava Jesus uma ameaça porque seu ministério de cura era sinal da vinda do *reino de Deus*. O arrependimento era uma preparação espiritual para a obra escatológica divina de salvação.

Qualquer um que conhecia as Escrituras judaicas sabia que quando Deus agisse, não deixaria intocados os governantes deste mundo. Era isso que assustava Herodes: a possibilidade de que seu reino fosse subvertido pela vinda do reino de Deus em Jesus.[12]

[11]Para um breve apanhado geral do reinado relativamente tranquilo de Herodes, veja H. W. Hoehner, "Herod", em *International Standard Bible Encyclopedia (Revised)*, ed. Geoffery W. Bromiley, conforme edição eletrônica, versão 1.2 (Grand Rapids, MI: Eerdmans, 1979), p. 694-7; e Morten Hørning Jensen, "Antipas: The Herod Jesus Knew", *Biblical Archaelogy Review* 38, n. 5 (2012): p. 42-46; para um relato mais extenso, veja Morten Hørning Jensen, *Herod Antipas in Galilee: The Literary and Achaeological Sources on the Reign of Herod Antipas and Its Socio-Economic Impact on Galilee*, WUNT 2 215 (Tübingen: Mohr Siebeck, 2006).

[12]I. Howard Marshall, *The Gospel of Luke: A Commentary on the Greek Text*, NIGTC (Grand Rapids, MI: Eerdmans, 1978), p. 570.

Não importa se Herodes acreditava que Deus estava operando em Jesus. O rei não demonstrava nenhum temor de Deus. O poder era seu deus. O que ele temia era a esperança que Jesus poderia dar aos desvalidos. Uma multidão de pobres que cresse na vinda iminente de Deus era perigosa. Toda Páscoa, Roma aumentava o nível de segurança, pois essa festa ameaçava reavivar a lembrança do poderoso ato salvífico de Deus. Era exatamente pelo fato de Jesus ser obediente a seu Pai e estar arraigado nas esperanças e nos sonhos de Israel que ele representava um perigo tão grande para os governantes de sua época.

Encontramos aqui uma lição para os cristãos negros. Relevância política não é algo tão acima de nós que temos de perguntar quem chegará lá e a obterá. Também não é algo tão abaixo de nós que temos de descer às profundezas da terra para obtê-la. A relevância política da mensagem do evangelho se encontra nas histórias e nos cânticos de Israel que constituem as páginas do Antigo Testamento. Essas são as histórias de um Deus que luta por nós e contra os inimigos de seu povo. São as histórias de um Deus que volta seu olhar compassivo para aqueles dos quais a sociedade se esquece. Roma sabia disso, e Herodes também.

O que Jesus diz quando descobre que sua missão o colocou em conflito com aquele que ocupava o cargo de rei de Israel? Diz:

> Vão dizer àquela *raposa* que continuarei a expulsar demônios e a curar hoje e amanhã; e, no terceiro dia, realizarei meu propósito. Sim, hoje, amanhã e depois de amanhã, devo seguir meu caminho. Pois nenhum profeta de Deus deve ser morto fora de Jerusalém!
>
> Lucas 13.32-33, grifo nosso

As palavras de Jesus não mostram nenhuma deferência à autoridade política inerente ao cargo de Herodes. Ele o chama "raposa". Não é um elogio. Ser chamado raposa no tempo de Jesus significava ser considerado conivente e dissimulado.[13] Que característica de Herodes pode ter levado Jesus a chamá-lo raposa? Herodes Antipas não era governante da Galileia porque o povo o considerava seu rei por direito, mas porque tinha apoio

[13] Robert H. Stein, *Luke*, ed. E. Ray Clendenen e David S. Dockery, NAC 24 (Nashville, TN: Broadman & Holman, 1992), p. 383; R. Alan Culpepper, "The Gospel of Luke", in *The Gospel of Luke—The Gospel of John*, NIB 9 (Nashville, TN: Abingdon Press, 1995), p. 281.

do Império.[14] Seu poder não era real. Seu cargo era mantido por artifício, concessões e intrigas.[15] Uma vez que sua maior preocupação era a própria sobrevivência, e não o bem do povo, era inútil os pobres da Galileia esperarem auxílio dele.[16]

Herodes era raposa, e não rei. Não fica claro nem mesmo se tinha poder para cumprir a ameaça feita contra Jesus.[17] Como falsa potestade, Herodes Antipas não tinha nenhuma influência sobre a obra da qual o Pai havia encarregado Jesus. A questão aqui é que *raposa* não é apenas uma análise da piedade limitada de Herodes. É uma descrição de *sua atividade política no tocante ao sofrimento inevitável do povo*. Essa é uma declaração feita à vista dos fariseus e que certamente se tornará pública.

De que maneira as palavras de Jesus podem nortear uma teologia do testemunho político da igreja? Jesus mostra que os cristãos que confrontam a injustiça seguem os passos dele. Portanto, quando Frederick Douglass perguntou que importância o Quatro de Julho tinha para o escravo, ele o fez com forte corroboração teológica. Quando os cristãos do Conselho de Liderança Cristã do Sul foram às ruas de Birmingham, Selma e Memphis para falar abertamente da pecaminosidade do cenário político de sua época, fizeram-no em sintonia com Jesus e com suas declarações sobre a raposa chamada Herodes.

Com suas palavras, Jesus não apenas reprova Herodes, mas também trata da recepção que em geral os profetas recebem. Jesus diz que nenhum profeta deve ser morto fora de Jerusalém (Lc 13.33). Sua intenção é mostrar que há uma tradição de rejeitar aqueles que Deus envia como mensageiros

[14]Quanto a Herodes como "governante fantoche", veja Joel Marcus, *Mark 1-8: A New Translation with Introduction and Commentary*, Anchor Bible (New York: Doubleday, 2000), p. 392.

[15]Herodes mostra certa preocupação com as sensibilidades judaicas, mas não há nenhum sinal de que seja resultado de piedade pessoal. Antes, é uma forma de manter o poder. Veja Joel Marcus, "Herod Antipas", in *John the Baptist in History and Theology* (Columbia, SC: University of South Carolina Press, 2018), p. 98-112.

[16]Sakari Häkkinen, "Poverty in the First-Century Galilee", *Hervormde Teologiese Studies* 72, n. 4 (2016): p. 1-9.

[17]H. W. Hoehner, "Herod", em *The International Standard Bible Encyclopedia (Revised)*, ed. Geoffery W. Bromiley, conforme edição eletrônica, versão 1.2 (Grand Rapids, MI: Eerdmans, 1979), p. 695; R. Buth, "That Small-fry Herod Antipas, or When a Fox is Not a Fox", *Jerusalem Perspective* 40 (1993), afirma que a insignificância de Herodes é o principal sentido da expressão "raposa", usada por Jesus.

de sua vontade. É fácil compreender equivocadamente as palavras de Jesus sobre rejeitar os profetas. Podemos imaginar que o antigo Israel rejeitou apenas a mensagem "religiosa" dos profetas, e não as coisas que consideramos políticas. No tempo de Jesus, contudo, havia uma tradição segundo a qual o profeta Isaías havia sido morto em Jerusalém.[18] Essa ideia justifica uma breve discussão sobre a mensagem de Isaías.

Isaías é um livro repleto de mensagens que criticam Israel por não seguir o único e verdadeiro Deus vivo e por oprimir os pobres.

- "Que aflição espera vocês / que compram casas e mais casas, campos e mais campos, / até não haver lugar para outros / e vocês se tornarem os únicos donos da terra!" (Is 5.8).
- "Ah, como é pecadora esta nação, / sobrecarregada pelo peso da culpa! / São um povo perverso, / filhos corruptos que rejeitaram o Senhor. / Desprezaram o Santo de Israel / e deram as costas para ele" (Is 1.4).
- "Aprendam a fazer o bem / e busquem a justiça. / Ajudem os oprimidos, / defendam a causa dos órfãos, / lutem pelos direitos das viúvas" (Is 1.17).

Isaías não foi rejeitado apenas porque disse a Israel que adorasse Javé. Foi rejeitado porque entendeu que o verdadeiro culto a Javé tinha implicações para o modo de tratar o próximo. De acordo com o profeta, a opressão dos pobres em Israel em seus dias revelava uma apostasia prática.[19]

Para Isaías, a piedade tinha de produzir frutos de justiça. Jesus sabia que, uma vez que sua mensagem de justiça tinha implicações para a vida dos poderosos, ele estava sujeito a rejeição e morte. Jesus não apenas seguiu a tradição profética, mas declarou que era o ponto culminante dessa tradição ao dizer que, nele, o tempo do favor do Senhor (Is 61.1-2) havia chegado (Lc 4.14-21).

A declaração de Jesus não foi uma crítica impulsiva a uma figura política da qual ele não gostava. Jesus considerava seu ministério parte da tradição dos profetas de Israel que diziam a verdade a respeito da infidelidade a

[18] R. Alan Culpepper, "The Gospel of Luke", em *The Gospel of Luke—The Gospel of John*, NIB 9 (Nashville, TN: Abingdon Press, 1995), p. 281.

[19] John D. W. Watts, *Isaiah 34—66*, WBC 25 (Grand Rapids, MI: Zondervan, 2005), p. 842-43.

Deus manifesta na opressão dos desvalidos. Jesus lançou mão dos profetas ao falar a verdade para aqueles que estavam no poder. Portanto, os cristãos negros que encontram nesses mesmos profetas autorização para seu ministério público são apoiados por Jesus.

Breve consideração sobre Paulo

Paulo costuma ser visto como santo padroeiro do *establishment*, mas essa ideia só é defensável quando se dá ênfase a uns poucos trechos de todo o seu conjunto de textos.[20] Uma leitura integral de Paulo mostra que ele estava disposto a criticar autoridades energicamente quando necessário. Em lugar de uma análise completa de todas as passagens paulinas relevantes, considerarei apenas uma expressão marcante no início de Gálatas.

Paulo redigiu sua carta aos gálatas perto do início de sua carreira de escritor. Seu objetivo era persuadir uma congregação mista, constituída de cristãos judeus e gentios, de que a fé em Cristo era suficiente para torná-los co-herdeiros das promessas feitas a Abraão e a seu descendente supremo, o Messias Jesus.[21] Ao se dirigir às igrejas da Galácia, Paulo diz logo no começo: "Que Deus, o Pai, e nosso Senhor Jesus Cristo lhes deem graça e paz. Jesus entregou sua vida por nossos pecados, a fim de nos resgatar deste mundo mau, conforme Deus, nosso Pai, havia planejado. Toda a glória a Deus para todo o sempre! Amém" (Gl 1.3-5). Quando Paulo afirma que Jesus se entregou por nossos pecados, também não hesita em declarar que essa entrega efetua nossa justificação (Rm 4.25) e que a morte de Jesus nos torna herdeiros em Cristo de todas as coisas (Rm 8.32). Aqui, sua ênfase é diferente. Jesus entregou sua vida por nossos pecados "a fim de nos resgatar deste mundo mau".

O que Paulo tem em mente quando diz que este mundo é mau? Como observa Louis Martyn, estudioso do Novo Testamento, Paulo considerava que,

[20] Veja Richard A. Horsley, ed., *Paul and Politics: Ekklesia, Israel, Imperium, Interpretation* (Harrisburg, PA: Trinity, 2000); para uma visão geral de algumas leituras políticas recentes de Paulo, veja N. T. Wright, *Paul and His Recent Interpreters* (Minneapolis, MN: Fortress Press, 2015), p. 305-28.

[21] Craig S. Keener, *Galatians: A Commentary* (Grand Rapids, MI: Baker Academic, 2019), p. 13-21.

antes da vinda do Messias, o mundo se encontrava sob o domínio de poderes espirituais malignos.[22] Essa é uma ideia importante, pois em outras partes dos escritos de Paulo ele indica que esses mesmos "poderes" influenciam líderes e governantes terrenos.[23] Os programas políticos, econômicos e sociais que os governantes não redimidos seguem são, portanto, manifestações dos poderes malignos aos quais Deus se opõe. Esses poderes (juntamente com o problema do pecado humano) são os inimigos que Deus enviou seu Filho para derrotar. Por isso, é anacrônico projetar sobre o pensamento de Paulo a distinção moderna entre perversidade espiritual e política.

Podemos entender que esse "mundo mau" abrange o mal demoníaco da escravidão em Roma e a exploração econômica dos pobres, duas coisas que existiam como consequência das políticas da liderança romana dirigida por forças espirituais.[24]

A maioria dos intérpretes observa que a declaração de Paulo sobre este mundo vem de sua interpretação de Isaías, o importante profeta veterotestamentário. Isaías tem a expectativa da criação de novos céus e nova terra depois que Deus transformar a vida social e política dos israelitas exilados:

> Portanto, assim diz o SENHOR Soberano:
> "Meus servos comerão,
>   mas vocês passarão fome.
> Meus servos beberão,
>   mas vocês terão sede.
> Meus servos se alegrarão,
>   mas vocês serão humilhados. [...]
> Vejam! Crio novos céus e nova terra,
>   e ninguém mais pensará nas coisas passadas".
>
> Isaías 65.13,17

[22]J. Louis MARTYN, *Galatians: A Translation with Introduction and Commentary* (New Haven, CT: Yale University Press, 1997), p. 97.

[23]Veja a ligação entre poderes espirituais e materiais (humanos) em Efésios 1.21 em Stephen E. FOWL, *Ephesians: A Commentary*, New Testament Library (Louisville, KY: Westminster John Knox Press, 2012), p. 60-61; e Charles H. TALBERT, *Ephesians and Colossians*, Paideia Commentaries on the New Testament (Grand Rapids, MI: Baker Academic, 2007), p. 70.

[24]Braxton deixa claro que, qualquer que seja a natureza do mal, a ideia central que Paulo tem em mente é a libertação concedida por Deus. Brad Ronnell BRAXTON, *No Longer Slaves: Galatians and the African American Experience* (Collegeville, MN: Liturgical Press, 2002), p. 62.

> "Tudo que profetizei se cumpriu,
> e agora profetizarei novamente;
> eu lhes falarei do futuro antes que aconteça."
>
> Isaías 42.9

Quando Paulo diz que este mundo é mau, e quando tem a expectativa da criação de um novo mundo, posiciona-se dentro da tradição profética. Corremos dois riscos ao lançar mão dessa tradição. Podemos enfraquecer sua mensagem ou minimizar suas implicações. Minimizamos suas implicações quando dizemos que, em Gálatas, Paulo tem em mente apenas "escravidão espiritual". Essa interpretação não leva em conta como a vida transformada dos cristãos mudava seu jeito de viver no mundo. Tratar as mulheres com igualdade, como exorta Gálatas 3.28, era um ato político em um Império que tinha determinados conceitos a respeito do devido lugar da mulher.[25] A segunda interpretação vai ao extremo oposto e considera que Paulo propõe como responsabilidade da igreja estabelecer o reino de Deus em sua plenitude no presente. Vivemos como testemunhas do reino e articulamos nosso protesto quando a presente era perversa ultrapassa seus limites.

Pode ser proveitoso voltarmos o foco para Colossenses. Nessa carta, Paulo diz que Deus nos resgata do reino das trevas para o reino de seu Filho amado (Cl 1.13). Quando Paulo fala do reino das trevas, refere-se principalmente às forças espirituais sombrias que atormentam o povo de Deus.[26] Como observarmos anteriormente, Paulo considera que esses poderes das trevas também controlam os governantes terrenos. A opressão econômica, social e política do povo de Deus nada mais é que a manifestação física da enfermidade espiritual no cerne do Império.

De acordo com Paulo, Jesus nos salva de nossos pecados e também nos chama para um reino que trata seu povo melhor do que os romanos tratavam seus cidadãos. Quando Paulo diz que este mundo é *mau* e que somos *resgatados* dele, declara que não somos mais obrigados a organizar nossa

[25] Beverly Roberts GAVENTA, "Is Galatians Just a 'Guy Thing'?: A Theological Reflection", *Interpretation* 54, n. 3 (2000): p. 267-78.

[26] Edward LOHSE, *Colossians and Philemon: A Commentary on the Epistles to the Colossians and to Philemon*, ed. Helmut Koester, trad. William R. Poehlmann e Robert J. Karris, Hermeneia 72 (Minneapolis, MN: Fortress Press, 1971), p. 37.

vida de acordo com as prioridades, os valores e os objetivos deste mundo. Temos liberdade de viver de forma diferente enquanto aguardamos a vinda do Rei verdadeiro. Dizer que a ordem social e política é má é uma avalição *teológica* e também *política*. Foi essa avaliação que o Rev. Dr. King fez em sua crítica das leis de Jim Crow.[27] King afirmou que as práticas da época no norte e no sul eram manifestações do reino das trevas, e que o reino do Filho amado exigia que se tomasse outro rumo.

Quando nós cristãos negros olhamos para as ações de líderes políticos e governos e dizemos que são *más*, fazemos uma declaração teológica, como Paulo fez. Protestar não é contrário ao ensino bíblico; é uma forma de manifestar nossa análise da condição humana à luz da palavra de Deus e de sua visão do futuro. Sua visão se cumprirá no devido tempo, mas está a caminho (Hc 2.1-4).

João, o revelador, e suas visões

O Novo Testamento chega ao fim com um livro que relata as visões de João. Essas visões foram enviadas a sete igrejas que enfrentavam diferentes graus de perseguição em virtude de sua fidelidade a Jesus.[28] No que diz respeito ao testemunho político da igreja, quero fazer uma pergunta simples: O que João pensa do Império Romano?

O retrato mais nítido que João apresenta do Império se dá na forma de uma visão de sua queda escatológica em Apocalipse 18. A respeito da queda de Roma é dito:

> Caiu a Babilônia! A grande cidade caiu!
> Tornou-se habitação de demônios,
> esconderijo de todo espírito impuro,
> covil de toda ave impura
> e de todo animal impuro e detestável.
>
> Apocalipse 18.2

[27] Leis estaduais e locais elaboradas no final do século 19 e início do século 20 que impunham a segregação racial no sul dos Estados Unidos. "Jim Crow" era uma forma pejorativa de se referir aos negros. (N. da T.)

[28] Veja Brian K. BLOUNT, *Can I Get a Witness: Reading Revelation Through African American Culture* (Louisville, KY: Westminster John Knox Press, 2005), p. 40-41.

Ao chamar Roma de Babilônia, ele a compara ao grande império opressor que conquistou Israel.[29]

É provável que João, a exemplo de Paulo, recorra a Isaías, que condena a antiga Babilônia pelos mesmos motivos que João condena Roma. Isaías 14.4-6 diz:

> Vocês zombarão do rei da Babilônia e dirão:
> "O homem poderoso foi destruído;
> acabou sua insolência.
> O Senhor esmagou seu poder perverso
> e derrubou seu reino de maldade.
> Você feriu o povo com incontáveis golpes de fúria;
> cheio de ira, dominou as nações
> com tirania implacável".

Em uma passagem anterior, Isaías chama a Babilônia de tirana (Is 13.11). Deus julga a Babilônia por suas pretensões de tomar o lugar dele (Is 14.3) *e* porque um dos resultados é a opressão de nações e terras debaixo de seu domínio. Da mesma forma, João analisa a vida moral de Roma e diz que está condenada à destruição.[30] Essa destruição é, claramente, consequência de sua cultura social e politicamente imoral.

João afirma que, em vez de Roma se dedicar ao bem-estar de seu povo, preocupava-se apenas em enriquecer.[31] Essa realidade ficava especialmente clara na venda imoral de seres humanos. Portanto, João redigiu uma carta, lida em voz alta nas igrejas, que condena as políticas econômicas inscritas na lei (escravidão). Diz que essas atividades imorais, juntamente com a perseguição a cristãos (Ap 18.24), trará o julgamento escatológico de Deus.

O que deve levar os cristãos a perder o sono não é o ativismo político de cristãos negros. As perguntas que precisamos fazer são: Como 1Timóteo 2.1-4 passou a dominar a discussão sobre a responsabilidade do cristão para com o Estado? Como conseguimos ignorar as implicações claramente

[29]David E. Aune, *Revelation 17—22*, WBC 52C (Grand Rapids, MI: Zondervan, 1998), p. 985.

[30]Robert H. Mounce, "The Book of Revelation", ed. rev., NICNT (Grand Rapids, MI: Eerdmans, 1997), p. 326.

[31]Christopher C. Rowland, "The Book of Revelation", in *Hebrews-Revelation*, NIB 12 (Nashville, TN: Abingdon Press, 1998), p. 696, diz que Apocalipse 18 "dá ao leitor um vislumbre de como a riqueza da Babilônia havia sido obtida à custa de milhões de pessoas".

políticas dos comentários que Paulo faz de passagem sobre este mundo mau em Gálatas e suas reflexões mais amplas sobre as ligações entre políticos e poderes do mal? Como perdemos de vista a condenação de Roma por João em Apocalipse?[32] Por que a repreensão de Herodes por Jesus desapareceu na história? Talvez porque fosse do interesse daqueles que estão no poder calar vozes negras. Mas se nossa voz é silenciada, as Escrituras continuam a falar. Em vez de parar por aqui, contudo, voltaremos a Jesus para concluir nossas reflexões sobre o testemunho político da igreja.

Jesus, pacificadores e testemunho público

O discurso mais famoso de Jesus, conhecido historicamente como Sermão do Monte, está registrado em Mateus 5—7. O lugar em que esse sermão foi feito, um monte, traz à memória a entrega da lei no Sinai. Assim como a lei tratava da vida na Terra Prometida, as palavras de Jesus apontam para a vida no reino de Deus.[33] Jesus é superior a Moisés, pois não apenas repete o que ouviu de Deus.[34] Pronuncia-se de si mesmo como Rei divino. Se há uma passagem em que os cristãos podem buscar uma forma de dar testemunho em um mundo dividido e dilacerado pelo pecado, é o Sermão do Monte. Quero focalizar o que Jesus diz a seus discípulos sobre o desejo de justiça e sobre a obra da justiça.

Começamos nossas reflexões sobre o testemunho político da igreja com as atividades do Rev. Dr. King em Birmingham. Ele explica que está na cidade "porque a injustiça está aqui". Em seguida, cita personagens bíblicos impelidos a agir para socorrer os necessitados, o que nos leva a perguntar: Por que Paulo, Isaías ou Amós se preocupavam com a justiça?

Jesus explica o que fundamenta as ações de Paulo, de Isaías e do Rev. Dr. King em duas das Bem-aventuranças. Diz: "Bem-aventurados os que

[32]Para uma discussão mais completa de Apocalipse e política, veja Brian K. BLOUNT, *Can I Get a Witness: Reading Revelation through African American Culture* (Louisville, KY: Westminster John Knox Press, 2005).

[33]Leon MORRIS, *The Gospel According to Matthew*, PNTC (Grand Rapids, MI: Eerdmans, 1992), p. 92.

[34]Dale C. ALLISON, *The New Moses: A Matthean Typology* (Minneapolis, MN: Fortress Press, 1999), é um estudo detalhado desse assunto, embora eu não concorde que o tema de Moisés-Jesus esteja presente em Mateus no grau em que Allison propõe.

pranteam, pois serão consolados. [...] Bem-aventurados os que têm fome e sede de justiça, pois serão saciados" (Mt 5.4,6, tradução nossa). Prantear significa sentir grande pesar pelo estado do mundo. Prantear é se importar. É um ato de rebeldia contra os próprios pecados e os pecados do mundo.[35]

Uma teologia do pranto permitiu que o Rev. Dr. King enxergasse o sofrimento do povo em Birmingham e se recusasse a dar as costas para ele. O pranto exige que todos nós reconheçamos nossa cumplicidade nos sofrimentos de outros. Não lamentamos apenas pelos pecados do mundo. Lamentamos por nossa cobiça, nossa avidez, nossos desejos que nos levam a explorar outras pessoas. O pecado é mais que exploração, mas certamente não é menos que isso. Uma teologia do pranto jamais nos dá o privilégio da apatia. Jamais podemos colocar os interesses de nossa família ou de nosso país acima do sofrimento do mundo.

O pranto é a intuição de que as coisas não estão em ordem, de que há possibilidade de algo mais. Pensar na possibilidade de algo mais é um ato de resistência política em um mundo que deseja nos levar a crer que não existe nada além de consumo. Nossos políticos se aproveitam de nossos desejos ao nos convencer de que uma utopia é possível no presente e que só eles podem atender a esse anseio.

A segunda bem-aventurança no centro de nossas reflexões vai além da suspeita que surge no pranto. Ela articula nossa esperança: "Bem-aventurados os que têm fome e sede de justiça, pois serão saciados".[36] Fome e sede de justiça correspondem a nada menos que anseio contínuo para que Deus venha e coloque tudo em ordem. É a visão de uma sociedade justa estabelecida por Deus que não vacila diante de evidências contrárias. Não basta lamentarmos. Precisamos ter uma visão de algo diferente. A justiça é essa diferença. Jesus exorta, portanto, a uma reconfiguração da imaginação, em que percebemos que existem outras opções além daquelas que nos são

[35] Morris, *Gospel According to Matthew*, p. 97.

[36] Ulrich Luz, *Matthew 1—7: A Commentary on Matthew 1—7*, ed. Helmut Koester, trad. James E. Crouch, Hermeneia 61A (Minneapolis, MN: Fortress Press, 2007), p. 195, questiona acertadamente se ansiamos por justiça própria ou pela justiça de Deus. Talvez seja uma dicotomia falsa. Ansiar pela justiça de Deus inclui ansiar por sua ação salvadora, arraigada em sua confiabilidade. O resultado dessa atividade é um mundo repleto de pessoas que refletem em seu comportamento moral o caráter de Deus. Veja M. Eugene Boring, "The Gospel of Matthew", in *General Articles on the New Testament: Matthew—Mark*, NIB 8 (Nashville, TN: Abingdon Press, 1995), p. 179.

apresentadas pelo mundo. Resta um modo melhor, e esse modo melhor é o reino de Deus. Ele quer que vejamos que seu reino é possível, pelo menos como antegosto enquanto esperamos sua consumação plena. Ter fome de justiça é ter esperança de que as coisas que nos fazem lamentar não terão a última palavra.

Que ligação tudo isso tem com o testemunho público da igreja? Jesus pede que vejamos o estado corrompido da sociedade e que articulemos uma visão alternativa de como podemos viver. Isso não significa que consideramos possível estabelecer o reino na terra antes da segunda vinda de Cristo. Significa que vemos a sociedade como é: menos que o reino. Mostramos ao mundo que enxergamos as rachaduras em sua fachada.

Essa exortação à fome de justiça, no contexto de Jesus no alto de um monte, deve ser entendida como palavra messiânica:

Pois um menino nos nasceu,
um filho nos foi dado.
O governo estará sobre seus ombros,
e ele será chamado de
Maravilhoso Conselheiro, Deus Poderoso,
Pai Eterno e Príncipe da Paz.
Seu governo e sua paz
jamais terão fim.
Reinará com imparcialidade e justiça no trono de Davi,
para todo o sempre.
O zelo do SENHOR dos Exércitos
fará que isso aconteça!

Isaías 9.6-7

O Filho messiânico de Davi, como agente da vontade de Deus, seria conhecido por estabelecer justiça na terra. Em um contexto messiânico, ter fome de justiça significa desejar que Deus estabeleça seu governo sobre a terra por meio de seu Rei escolhido. Retidão ou justiça é, portanto, inescapavelmente política. Ter fome de justiça é ansiar pelo reino.

As duas bem-aventuranças das quais tratamos acima articulam o desejo de justiça. Na última bem-aventurança que consideraremos, Jesus nos mostra as práticas da justiça. Mateus 5.9 diz: "Bem-aventurados os pacificadores, porque serão chamados filhos de Deus" (RA). Por que promover a paz e como fazê-lo? Jesus exorta seus discípulos a serem *pacificadores*, pois o reino do Messias é um reino de paz. Também aqui, temos a visão de Isaías:

> Seu governo e sua *paz*
> jamais terão fim.
> Reinará com imparcialidade e justiça no trono de Davi,
> para todo o sempre.
> O zelo do SENHOR dos Exércitos
> fará que isso aconteça!
>
> Isaías 9.7, grifo nosso

> Naquele dia, o lobo viverá com o cordeiro,
> e o leopardo se deitará junto ao cabrito.
> O bezerro estará seguro perto do leão,
> e uma criança os guiará.
> A vaca pastará perto do urso,
> e seus filhotes descansarão juntos [...].
> *Em todo o meu santo monte, não se fará mal nem haverá destruição,*
> *pois, como as águas enchem o mar,*
> *a terra estará cheia de gente que conhece o SENHOR.*
>
> Isaías 11.6-9, grifo nosso

Isaías vê um reino em que a hostilidade entre as nações (Is 9.7) e a ordem criada serão removidas (Is 11.1-9). Exortar os membros do povo de Deus a serem pacificadores significa, portanto, dar início ao trabalho de eliminar a hostilidade, um trabalho que marcará o reinado do Messias. Afirmar que Jesus tem em mira o fim da hostilidade pessoal e não tratar da hostilidade étnica ou nacional não faz jus à teologia do reino que fundamenta todo o sermão.[37]

Diante disso, o que significa promover a paz e qual é sua relação com o testemunho político da igreja? Da perspectiva bíblica, promover a paz significa fazer cessar as hostilidades entre nações e indivíduos como sinal do reino de Deus que irrompe na história. Promover a paz implica avaliar as reivindicações de grupos em conflito e discernir quem está certo e quem está errado.

[37] R. T. FRANCE, *The Gospel of Matthew*, NICNT (Grand Rapids, MI: Eerdmans, 2007), p. 169, afirma que a ênfase recai sobre "ética pessoal". De modo contrário, veja John STOTT, *The Message of the Sermon on the Mount* (Downers Grove, IL: InterVarsity Press, 1978), p. 51.

Promover a paz, portanto, não pode ser separado de dizer a verdade. O testemunho da igreja não abrange apenas denunciar os excessos de ambos os lados e impor equivalências morais. Abrange desmascarar a injustiça. A fim de que a igreja tome partido da *paz* em nosso país, é preciso realizar um balanço honesto daquilo que o país tem feito a pessoas de pele escura. Nem sempre a retidão se encontra na moderação ou no meio-termo. É preciso falar abertamente da discriminação quanto a moradia. É preciso falar de sentenças desiguais e policiamento injusto. É preciso acabar com o sexismo, o abuso e a objetificação do corpo das mulheres negras. Se não o fizermos, a paz será falsa e não será bíblica. Além de dar nome aos bois, é necessário ter uma visão de como corrigir erros e restaurar relacionamentos. A exortação para que sejamos pacificadores é uma exortação para que a igreja entre no mundo caótico da política e mostre uma forma melhor de sermos humanos.

Essa promoção da paz pode ser coletiva e tratar de grupos étnicos e nações em conflito, ou pode ser pessoal. Quando é coletiva, damos testemunho do reino universal de Jesus. Quando é interpessoal, damos testemunho da obra que Deus realizou em nosso coração. Essas duas coisas não precisam ser mutuamente exclusivas.

O mais interessante a respeito da promoção da paz é que não parte do pressuposto de que aqueles que estão em conflito são cristãos. Jesus não diz que devemos promover a paz exclusivamente entre cristãos. Não diz que devemos estabelecer a paz ao tornar outros cristãos. Ele diz que devemos ser pacificadores. Por quê? Porque essa pode ser uma forma de evangelismo. Por meio de nossos esforços para promover a paz, mostramos ao mundo o tipo de Rei e o tipo de reino que representamos. Como consequência de nossos esforços nesse sentido, apresentamos o reino a outros. Portanto, a empreitada da justiça, quando entendida como testemunho direto do reino de Deus, é evangelística do começo ao fim. Faz parte (não é o todo) da obra de Deus de reconciliar todas as coisas consigo mesmo.

Conclusão

No cerne do presente capítulo se encontra o desejo de refletir sobre a interação da igreja com os poderes e os governantes de nosso tempo. Qual é nossa responsabilidade? Muitas das discussões mais comuns sobre o dever dos cristãos focalizam a exortação em 1Timóteo 2.1-4 para orarmos pelas autoridades e em Romanos 13.1-7 para nos sujeitarmos a elas. Argumentamos que nenhuma dessas passagens, quando devidamente compreendidas, limita o testemunho político cristão, embora talvez norteie os meios usados. A passagem de 1Timóteo 2.1-4 diz que devemos orar por todos, especialmente pelos governantes. Timóteo não trata do que podemos fazer quando nossas convicções não se alinham com as do Império. Essa mesma carta critica uma prática estabelecida de Roma, o tráfico de escravos (1Tm 1.8-11). Romanos 13.1-7 deve ser considerado mais um ponto de partida para perguntas sobre teodiceia e uma negação de violência divinamente sancionada do que um baluarte contra o qual nenhum clamor por justiça pode prevalecer.

Ao nos voltarmos para o testemunho mais amplo do Novo Testamento, tratamos de pronunciamentos de Jesus. Sua crítica se referiu ao caráter *e* às decisões políticas de Herodes. Se Jesus disse aos judeus de sua época que o líder do país deles era corrupto, por que não podemos fazer o mesmo? A declaração de Paulo em Gálatas a respeito deste mundo mau traz uma condenação não muito sutil da ordem política de seu tempo. João segue a mesma linha e fala de modo incisivo acerca de Roma. Concluímos o capítulo com uma volta às palavras de Jesus e examinamos o Sermão do Monte e sua relação com o testemunho político da igreja.

O cristão negro que tem esperança de um mundo melhor e trabalha por ele encontra, portanto, um aliado no Deus de Israel. Encontra alguém que não apenas compreende nossos desejos e necessidades, mas que entra na história e reorganiza o universo em favor daqueles que confiam nele. Ele nos exorta a empreender esse trabalho de concretizar a transformação à qual ele já deu início com a morte e ressurreição de seu Filho. Essa empreitada abrange discipulado, evangelismo e a busca por santidade pessoal. Também inclui dar testemunho de uma forma diferente e melhor de organizar nossas sociedades em um mundo cujo instinto básico é de opressão. Fazer menos que isso seria negar o reino.

4

Uma leitura negra

A Bíblia e a busca por justiça

O governo vive mentindo para mim,
dizendo que veio libertar o povo.

Kirk Franklin, "Strong God"

Derrubou príncipes de seus tronos e exaltou os humildes.
Encheu de coisas boas os famintos
e despediu de mãos vazias os ricos.

Maria, mãe de Jesus (Lc 1.52-53)

Eu estava no sétimo ano quando assisti ao filme *Malcolm X*, com Denzel Washington. Esse filme foi lançado em uma época da história dos Estados Unidos não muito diferente daquela em que nos encontramos hoje. A guerra contra as drogas estava em seu vigésimo primeiro ano, sem um fim à vista. A epidemia de *crack* continuava a devastar famílias e bairros negros. Eu ligava a televisão e ouvia mulheres negras serem chamadas "rainhas do auxílio governamental" e homens negros serem acusados de abandonar suas famílias. Diziam que a distribuição de cestas básicas incentivava a preguiça e que havia mais probabilidade de eu acabar morrendo na cadeia que de conseguir um diploma universitário. A imagem pública da negritude pisoteava nossas costas na tentativa de acabar com sonhos negros. Também foi, contudo, uma época de consciência negra em que artistas de *hip-hop* começaram a espalhar com suas canções mensagens contra a violência e batalhar para que houvesse um entendimento claro do que significava ser negro nos Estados Unidos.

Denzel Washington no papel de Malcolm X foi como um raio que nos atingiu. Era negro, tinha orgulho disso e não se desculpava por exigir liberdade para nosso povo. Esse trabalho de Denzel Washington não foi meu primeiro contato com a Nação do Islã. Quase todo final de semana, havia um membro desse movimento em uma esquina movimentada perto de minha casa. Ele vendia o jornal do grupo e explicava como a Nação podia conferir respeito ao homem negro. Eu era jovem demais para conhecer bem os ensinamentos da Nação do Islã, mas sabia que ela parecia se importar com o que acontecia conosco. O filme *Malcolm X* exerceu impacto sobre muitas meninas e meninos negros ao ser lançado nesse período. Muitos membros da Nação do Islã e de outros grupos de consciência negra criticavam os cristãos negros por seguirem uma religião que faz tão pouco por nós.

Cristãos negros sempre tiveram de lidar com acusações de membros negros de outras religiões ou de negros não religiosos de que o cristianismo não se preocupa com justiça. Faz parte da crítica vinda de dois campos com as quais os pastores negros têm de lidar, como mencionei no primeiro capítulo. Além de termos de resistir à desconstrução europeia da fé cristã, também temos de levar a sério as asserções feitas por críticos negros.

Por vários motivos, não me tornei membro da Nação do Islã, mesmo no momento em que mais desacreditei da possibilidade de um futuro auspicioso para os afro-americanos em nosso país. Por quê? Cheguei à conclusão de que temos de fazer perguntas em uma sequência correta. A pergunta fundamental era se a narrativa cristã era verdadeira. Eu acreditava que o túmulo havia ficado vazio no terceiro dia. A supremacia branca, mesmo quando praticada por cristãos, não podia superar o fato da ressurreição.

E quanto à justiça que os cristãos negros desejam? Aqueles que desprezam a igreja têm razão ao dizer que a Bíblia não está à altura do desafio de tratar de questões atuais? Afinal, a Bíblia é amiga ou inimiga da busca dos negros por justiça?

De acordo com alguns defensores da ideia de que as Escrituras ainda têm um papel a exercer, embora reduzido, o ponto de partida para a exegese bíblica afro-americana é uma definição *predeterminada* de libertação a ser usada como filtro para examinar os textos bíblicos e identificar se correspondem a nosso padrão. O problema com essa abordagem é que ela pressupõe a *inspiração* e, efetivamente, a *infalibilidade* de nosso consenso sociopolítico atual e a incapacidade do texto bíblico de *nos* corrigir. Em outras palavras, demonstra maior confiança na sabedoria humana que na sabedoria da Palavra de Deus. Como dissemos na introdução, a interpretação bíblica não é um monólogo unilateral. Os cristãos negros apresentam suas perguntas para o texto, e o texto também faz perguntas para nós. Entramos em um diálogo paciente, confiando que o fruto dessa discussão será bom para nossa alma.

Outra forma de expressar essa ideia é dizer que as Escrituras do Antigo e do Novo Testamento têm uma mensagem de salvação, libertação e reconciliação que *dá forma* à visão do cristão afro-americano do presente e do futuro. Mas as coisas não são tão simples. É preciso haver pontos de sobreposição entre as esperanças negras e a Bíblia. Não somos tábulas rasas em que as Escrituras podem escrever qualquer coisa. Abordamos esses textos trazendo nossas experiências, esperanças e sonhos. Seria trágico depararmos com uma Bíblia que nos dissesse que acima é abaixo, ou que estamos errados em almejar liberdade para trabalhar e formar famílias e não ser perseguidos em razão da cor de nossa pele. Seria pior ainda deparar com um Deus que não se importa com os estranhos frutos produzidos pelas figueiras do sul do país, com suas leis de Jim Crow. Mas não creio que o Deus trino revelado no Antigo e no Novo Testamento demonstre falta de interesse por vidas negras ou por justiça.

As evidências confirmarão o que digo? Seria impossível apresentar aqui um esboço completo da visão bíblica de uma sociedade justa. Por uma questão de espaço, me limitarei ao Evangelho de Lucas. Escolho Lucas porque, se fosse o único livro do Novo Testamento, seria suficiente para validar minha asserção. A tônica deste capítulo é, portanto, como o Evangelho de Lucas apresenta a visão para uma sociedade justa transformada pelo advento de Deus que fala ao coração dos cristãos negros. O capítulo tem dois movimentos. Antes de abordarmos a visão bíblica de uma sociedade justa, devemos falar sobre a questão do cinismo negro acerca da Bíblia e da importância do testemunho de nossos antepassados. Nesse primeiro movimento, proponho que as identidades de Lucas e de Teófilo, as circunstâncias e a mensagem têm ligações singulares com a experiência negra. A presença e o testemunho deles são pertinentes para nosso tempo. Em seguida, uso Zacarias e Isabel para mostrar que pode ser importante para os afro-americanos de hoje levar em conta o testemunho de seus antepassados. Terminado esse trabalho preparatório, o segundo movimento examina os testemunhos de Maria e de seu Filho, que tratam diretamente das esperanças de justiça dos cristãos negros.

Lucas, um evangelista para cristãos negros

Antes de falarmos do conteúdo de Lucas, consideremos a relevância de sua existência. As circunstâncias em torno da redação do Evangelho de Lucas apresentam sobreposições interessantes com os primeiros contatos dos negros com o cristianismo. Lucas provavelmente é o único autor não judeu de textos do Novo Testamento.[1] Tudo indica que era um gentio temente a Deus que havia abraçado a fé cristã graças ao testemunho evangelístico dos apóstolos.[2]

Na cultura mais ampla, sua condição de não judeu talvez lhe desse certos privilégios negados aos judeus de sua época. Não obstante, sua situação como gentio dentro dos primeiros círculos cristãos é tópico de certa controvérsia.[3] Lucas relata no segundo volume de sua obra como a igreja veio a entender que tanto cristãos judeus quanto cristãos gentios eram membros do povo de Deus em pé de igualdade.

O lugar de Lucas no cânone mostra o valor dado por Deus a todos os grupos étnicos. De acordo com Lucas, a inclusão de gentios não foi uma inovação criada pela igreja primitiva para tentar aumentar sua participação de mercado. O Evangelho de Lucas defende que sempre fez parte do plano de Deus criar uma comunidade internacional e multiétnica para sua glória.

Lucas, o gentio que relata a história do plano de Deus para a reconciliação de todas as coisas no Messias Jesus, é semelhante à primeira geração de abolicionistas e evangelistas na igreja negra. A Igreja Metodista Episcopal Africana teve início quando Richard Allen e Absalom Jones exigiram *lugar igual* na Igreja Metodista Episcopal e este lhes foi negado.[4] Na pregação

[1]R. Alan Culpepper, "The Gospel of Luke", in *The Gospel of Luke—The Gospel of John*, NIB 9 (Nashville, TN: Abingdon Press, 1995), p. 9-10; Francois Bovon, *Luke 1: A Commentary on the Gospel of Luke 1:1—9:50*, ed. Helmut Koester, trad. Christine M. Thomas, Hermeneia 63A (Minneapolis, MN: Fortress Press, 2002), p. 8. Na opinião de alguns, Lucas era um seguidor judeu de Jesus. Veja Isaac W. Oliver, *Torah Praxis after 70 CE: Pleading Matthew and Luke—Acts as Jewish Texts*, WUNT 2 355 (Tübingen: Mohr Siebeck, 2013). Rick Strelan faz uma proposta ainda mais ousada em *Luke the Priest: The Authority of the Author of the Third Gospel* (Abingdon, UK: Routledge, 2016). Mesmo que Lucas fosse judeu, ainda é válido meu argumento de que ele procura articular o lugar dos gentios dentro dos propósitos mais amplos de Deus.

[2]John Nolland, *Luke 1—9:20*, WBC 35A (Grand Rapids, MI: Zondervan, 1989), p. xxxii.

[3]Veja o relato do próprio Lucas da resolução dessa questão em Atos 15.

[4]Martha Simmons e Frank A. Thomas, *Preaching with Sacred Fire: An Anthology of African American Sermons 1750 to the Present* (New York: Norton and Norton, 2010), p. 105.

e no ensino, esses líderes negros, exatamente como o evangelista Lucas, afirmavam que o plano de Deus para a reconciliação de todas as coisas abrangia todas as pessoas, o que incluía os afrodescendentes:

> Ó Deus de todas as nações da terra! Damos-te graças porque não fazes acepção de pessoas e porque criastes do mesmo sangue todas as nações humanas. Damos-te graças porque te revelastes, na plenitude dos tempos, em favor dessa nação da qual a maioria dos adoradores aqui diante de ti é descendente. Damos-te graças porque o sol da justiça finalmente lançou seus raios matinais sobre eles.[5]

Absalom Jones usa a linguagem de cumprimento que encontramos no início do Evangelho de Lucas (Lc 1.1-4) e nas cartas de Paulo (Gl 4.4-7) para dizer que o evangelho chegou aos afrodescendentes.[6] De acordo com Absalom, a conversão deles não é um improviso acrescentado quando o plano original de Deus não deu certo. Antes, o plano de Deus é revelado em toda a sua glória *na conversão de mulheres e homens africanos*. Em seguida, Jones se aproxima de Lucas, cujo objetivo ao escrever o Evangelho e Atos era mostrar que o plano de Deus, desde o princípio, era que as nações conhecessem e adorassem o Messias e lhe obedecessem.[7]

O fato de Lucas escrever como gentio para outros gentios a fim de lhes dizer que eles têm um lugar no reino de Deus é diretamente relevante para pregadores negros que anunciam aos membros de suas congregações que eles têm um lugar no reino de Deus como filhas e filhos. Esse lugar como filhas e filhos no reino de Deus excede qualquer tentativa de reinos inferiores de nos tornar cidadãos de segunda categoria. Somos filhos de Deus. Os Estados Unidos (ou qualquer outro país) não têm poder para determinar nosso valor.

Lucas, evangelista que associa a conversão dos gentios aos propósitos mais amplos de Deus, pode ser visto como uma espécie de patrono da

[5]Idem, p. 75.

[6]Lucas 1.1 diz: "Muitos se propuseram a escrever uma narração dos acontecimentos que se *cumpriram* entre nós". Veja também Gálatas 4.4-5: "Mas, quando *chegou o tempo certo*, Deus enviou seu Filho, nascido de uma mulher e sob a lei. Assim o fez para resgatar a nós que estávamos sob a lei, a fim de nos adotar como seus filhos" (grifo nosso).

[7]Stephanie Buckhanon Crowder, "Luke", in *True to Our Native Land: An African American New Testament Commentary* (Minneapolis, MN: Fortress Press, 2007), p. 158, diz: "Os acontecimentos não apenas se desdobraram, mas se cumpriram. [...] Portanto, o autor mostra uma base histórico-teológica para o que ocorreu". Em outras palavras, história e teologia apresentam a devida confluência no relato de Lucas.

interpretação bíblica eclesiástica afro-americana. O fato de sua narrativa ocupar cerca de um quarto do Novo Testamento não é sem importância.[8] É tentador dizer que o lugar de todas as etnias no reino de Deus é uma linha vermelha brilhante que corre pelo meio do Novo Testamento.

Lucas, Teófilo e as coisas que nos foram ensinadas

Lucas dirige seu Evangelho a alguém chamado Teófilo. A maioria concorda que Teófilo era uma pessoa real, e não uma representação dos cristãos gentios.[9] É possível que a motivação de Lucas ao escrever para Teófilo também seja relevante para as questões dos cristãos negros. Lucas diz:

> Muitos se propuseram a escrever uma narração dos acontecimentos que se cumpriram entre nós. Usaram os relatos que nos foram transmitidos por aqueles que, desde o princípio, foram testemunhas oculares e servos da palavra. Depois de investigar tudo detalhadamente desde o início, também decidi escrever-lhe um relato preciso, excelentíssimo Teófilo, para que tenha plena certeza de tudo que lhe foi ensinado.
>
> Lucas 1.1-4

Lucas quer que Teófilo tenha certeza das coisas que lhe foram ensinadas a respeito de Jesus. Ao que parece, o primeiro contato de Teófilo com o evangelho não foi por meio da palavra escrita, mas pelo trabalho de evangelistas e mestres. Encontramos aqui um ponto de contato com os afro-americanos escravizados, cujas primeiras conversões em grandes números se deram por meio da pregação de evangelistas nos reavivamentos do Grande Despertamento.[10] Fica a dúvida, porém, se o cristianismo ensinado anteriormente aos escravizados era verdadeiramente o cristianismo da Bíblia. O professor Allen Dwight Callahan cita um catecismo antigo usado para ensinar escravos:

[8]Luke Timothy JOHNSON, *The Gospel of Luke*, Sacra Pagina (Collegeville, MN: Liturgical Press, 1991), p. 1.
[9]Idem, p. 1.
[10]Sobre o contato do escravo com a Bíblia ao ouvir sua leitura e sobre conversões em massa, veja Allen Dwight CALLAHAN, *The Talking Book: African Americans and the Bible* (New Haven, CT: Yale University Press, 2006), p. 4, 12.

Quem lhe deu um senhor e uma senhora?
Deus me deu.
Quem diz que você deve obedecer-lhes?
Deus diz.
Que livro lhe diz essas coisas?
A Bíblia.[11]

As primeiras conversões de negros eram acompanhadas da necessidade de encontrar o verdadeiro Jesus em meio às alternativas falsas que competiam por poder na cultura. Teófilo não era um escravo ao qual tinha sido dito que Jesus desejava que ele obedecesse a seus senhores como ao Senhor. No entanto, Lucas menciona que estavam em circulação outros relatos sobre Jesus que talvez não fossem proveitosos.

Não sabemos que relatos Lucas tem em mente. Alguns supõem que Lucas critique os Evangelhos canônicos.[12] Essa proposta é difícil de aceitar, tendo em conta que o Evangelho de Marcos serviu de base para boa parte de sua obra. Embora fique clara a existência de ênfases distintas, seria uma extrapolação indevida das evidências considerar que há conflito fundamental entre Marcos e Lucas.[13] Qualquer que seja o evangelho que Lucas corrige, não é um dos relatos sinópticos, nem é o Evangelho de João, que ainda não havia sido escrito. Logo, como alternativa para retratos potencialmente enganosos de Jesus, o Evangelho de Lucas tem semelhanças com a experiência inicial dos cristãos negros cuja interpretação bíblica despertou neles a verdade a respeito de Deus. Mas se Lucas é o evangelista para os cristãos negros, resta a pergunta: O que ele disse?

Zacarias, Isabel e a vindicação das esperanças negras

Mateus e Lucas são os únicos Evangelhos que relatam os acontecimentos associados ao nascimento de Jesus. Lucas não começa com o nascimento de Cristo. Antes de Jesus e sua família entrarem em cena, a narrativa apresenta um casal idoso: Zacarias e Isabel. Lucas fornece pouquíssimos detalhes sobre eles, mas são suficientes para termos uma ideia de sua vida e de

[11] CALLAHAN, *Talking Book*, p. 32.
[12] JOHNSON, *Gospel of Luke*, p. 30.
[13] Veja Joel GREEN, *The Gospel of Luke*, NICNT (Grand Rapids, MI: Eerdmans, 1997), p. 37.

sua relevância para a esperança e para os anseios de Israel daquela época e dos cristãos negros de nossos dias. Lucas diz que Zacarias era sacerdote e que Isabel vinha de uma família sacerdotal. Para Zacarias, isso significava que, além das idas anuais a Jerusalém, ele passava grande parte do ano ensinando, analisando questões de pureza e intercedendo pelo povo (Lv 10.10-11).[14] Isabel havia crescido em uma família que se ocupava dessas mesmas atividades.

Zacarias e Isabel estavam, portanto, diretamente envolvidos na tarefa de entender, da perspectiva *teológica*, a condição de Israel como povo oprimido sob o poder do Império Romano. Devem ter enfrentado o cinismo e o desespero que caracterizam a existência dos desvalidos. Interagiam diariamente com pessoas cuja vida, e de seus avós, havia sido moldada por um governo estrangeiro e pelo desdém corriqueiro que o acompanhava. Devem ter deparado com as mesmas perguntas com as quais pastores negros têm de lidar há gerações. Onde está Deus? Por que ele não nos salvou? Ele se importa com nosso sofrimento? Zacarias deve ter sido obrigado a explicar o que a fidelidade à Torá significava em seu contexto. Por que manter as festas e fazer as orações se amanhã talvez seja igual a ontem?

Howard Thurman, ao tratar da relação entre cristianismo e os oprimidos, observa:

> Posso contar nos dedos de uma das mãos as vezes que ouvi um sermão sobre o significado da religião, do cristianismo, para o homem que está em um beco sem saída. É essencial que o significado de minhas palavras fique absolutamente claro. A grande maioria está constantemente em um beco sem saída. São os pobres, os desvalidos, os que não têm voz nem vez. O que nossa religião diz a eles?[15]

Não é um salto interpretativo exagerado afirmar que boa parte da Judeia vivia em um beco sem saída. O filho de Zacarias se dirigiria a uma comunidade cujos membros viviam na condição de desvalidos (Lc 3.10-14). João sabia dos coletores de impostos corruptos e dos soldados exploradores.

[14] C. Fletcher-Louis, "Priests and Priesthood", in *Dictionary of Jesus and the Gospels*, ed. Joel B. Green, Jeannine K. Brown, e Nicholas Perrin, 2ª ed. (Downers Grove, IL: InterVarsity Press, 2013), p. 697.

[15] Howard Thurman, *Jesus and the Disinherited* (Boston: Beacon Press, 1976), p. 3.

Será que aprendeu sobre a crítica bíblica dessas questões por meio do ensino de sua mãe e de seu pai? É impossível imaginar que Zacarias e Isabel não tivessem conhecimento das perguntas difíceis feitas a líderes religiosos sobre pobreza, opressão, fé e esperança no Deus de Israel.

Ainda assim, Zacarias e Isabel eram "justos diante de Deus e andavam irrepreensivelmente conforme todos os mandamentos e estatutos do Senhor" (Lc 1.6, tradução nossa). Tinham percorrido um longo caminho em sua vida e mantido a fé em Deus, apesar de muitos de seus amigos e vizinhos terem desistido havia muito tempo de todas as esperanças de uma intervenção divina. Permaneceram na fé mesmo quando não conseguiram conceber e dar à luz um filho.

Zacarias e Isabel conviviam com uma tragédia nacional (Israel sob o domínio de Roma) e uma tragédia pessoal (não ter filhos). No Evangelho de Lucas, representam todos os israelitas cujas histórias pessoais são marcadas pela ruína que caracterizava o relato coletivo mais amplo. De modo semelhante, o sofrimento dos negros por causa de injustiças não é apenas coletivo; é profundamente pessoal. Invade lares, quartos, escolas, igrejas e salas de parto de famílias negras.

Zacarias e Isabel são, em certo sentido, Israel em miniatura. A geração deles podia dizer, como a de Jeremias: "A colheita chegou ao fim, o verão acabou, e, no entanto, não estamos salvos!" (Jr 8.20). É significativo que esse seja o ponto de partida de Lucas, pois situa a história de Jesus no meio da dor de Israel, que abrange a tragédia em grande escala do exílio e da perda da herança, bem como os traumas pessoais que cada israelita enfrentava. Em outras palavras, Lucas começa com a questão da injustiça como tema central.

Isabel e Zacarias são essenciais para que compreendamos a esperança negra. Como idosos fiéis que perseveraram na fé apesar da esperança adiada por longo tempo, eles são nossos avós negros que nos arrastaram para a igreja e oraram por nós quando nos faltou a fé para orar por nós mesmos. De modo mais marcante, contudo, Zacarias e Isabel representam a primeira geração de cristãos negros que abraçaram a fé durante a escravidão. Por que depositar a fé em um Deus adorado por donos de escravos? Que benefícios traria? Como sua mensagem poderia ter algum proveito? A pergunta levantada por Frederick Douglass poderia muito bem estar nos salmos de lamento de Israel: "Será que um Deus justo governa o universo?

E por que ele segura o trovão na mão direita se não é para ferir o opressor e livrar a presa da mão do espoliador?".[16]

Por que essas pessoas, que tinham motivos de sobra para ser cínicas, depositariam a fé em um Deus cujas promessas demoravam tanto a se cumprir? A resposta que encontramos em Zacarias e Isabel é *memória*. Diante da morosidade da redenção, eles lembraram. Lucas fala de membros da geração deles que aguardavam "a consolação de Israel" (Lc 2.25, RA). A expressão "consolação de Israel" vem de Isaías 40. A segunda parte de Isaías fala repetidamente de um segundo êxodo em que Israel voltaria a ser liberto. O primeiro êxodo era a base para a esperança de um segundo ato redentor divino. João, filho de Zacarias e Isabel, articularia a mesma esperança de um novo êxodo. Por isso, exerceria seu ministério perto do Jordão, lugar em que Deus abriu um caminho para que seu povo entrasse na Terra Prometida. O êxodo era, portanto, um foco de esperança para sua família.[17]

Por que Zacarias e Isabel continuaram a confiar em Deus? Porque ele era um Deus que libertava da escravidão; seu caráter fundamental de *libertador* mostrava que ele era digno de confiança, mesmo que eles ainda não houvessem experimentado a libertação. Cristãos negros que se aproximavam de Cristo cercados de um falso evangelho transmitido a eles por seus senhores estavam certos ao ver na *narrativa do êxodo* um Deus digno de confiança. A primeira geração de cristãos negros e a geração de Zacarias têm em comum a fé no Deus revelado durante o êxodo. *Portanto*, a decisão de Deus de visitar Zacarias e Isabel e a decisão de Lucas de começar a história nesse ponto vindicam a fidelidade negra, pois também conhecemos o anseio por ser consolados.

No âmbito mais amplo da Bíblia, a decisão de Deus de permitir que Isabel desse à luz um filho não é impressionante. Lemos essa história antes. Isaque, o filho prometido, nasceu de uma mulher que, havia muito, passara da idade de dar à luz. Mas esse é o cerne da questão. Deus não mudou. No

[16] Frederick DOUGLASS, *The Life of an American Slave* (Boston: Anti-Slavery Office, 1845), p. 77-82; Milton C. Sernett, ed., *African American Religious History: A Documentary Witness* (Durham, NC: Duke University Press, 1999), p. 105.

[17] Embora talvez associemos o êxodo à travessia do mar Vermelho, a Bíblia chama de "êxodo" o tempo desde a partida do Egito até a entrada na Terra Prometida. O batismo pelo Jordão foi uma "passagem pela água" que antecedeu o novo recebimento das promessas de Deus.

capítulo inicial de Lucas, Deus reprisa seus maiores sucessos, por assim dizer, e lembra os israelitas a quem eles servem.

Esse milagre do nascimento de João se espalhou como um vírus de esperança que infectou a corrente sanguínea de Israel e levou muitos a indagar: "O que vai ser esse menino?" (Lc 1.66). É verdade que nem todas as famílias receberam um filho depois de anos de sofrimento; também é verdade que muitos hebreus morreram no Egito sem ter provado a liberdade. Viveram e morreram escravizados. Mas o êxodo fez incidir uma nova luz sobre o sofrimento dos escravizados falecidos. Mostrou que seu sofrimento não foi em vão, pois Deus se lembrou deles. No escopo mais amplo da história, a lembrança de Deus também cria a possibilidade de ressurreição.[18] Se o Deus de Israel tinha poder para derrotar os deuses do Egito, será que não poderia derrotar até a morte para que todos tivessem a possibilidade de participar da herança prometida (Ez 37.1-14)?[19] Os atos de redenção se projetam para o futuro e também operam em retrospectiva, lançando nova luz sobre todas as nossas histórias.

Os primeiros cristãos negros também olharam para trás a fim de encontrar sentido em suas histórias. Daniel Alexander Payne, aquele bispo da Igreja Metodista Episcopal Africana em seu início, falou em Washington, DC, da emancipação da pessoa escravizada: "Se perguntarmos: Quem nos enviou esse grande livramento?, a resposta será: O Senhor [...] o Deus de Abraão, Isaque e Jacó [...]. Pois, em favor dos oprimidos e dos escravizados de todos os povos, Deus levantou, e continuará a levantar, seu Moisés e seu Arão".[20] De acordo com Payne, a liberdade dos negros não veio da caridade de presidentes, mas da mão soberana de Deus. Assim como a história do êxodo na vida de Zacarias e de Isabel, a libertação dos escravizados em Washington, DC, opera em retrospectiva (vindicando a fé passada em Deus) e se projeta adiante (oferecendo esperança de libertação de todos os escravos).

[18]Jesus desenvolve esse argumento nas discussões com seus adversários. Diz: "Agora, quanto a haver ressurreição dos mortos, vocês não leram a esse respeito nas Escrituras? Deus disse: 'Eu sou o Deus de Abraão, o Deus de Isaque e o Deus de Jacó'. Portanto, ele é o Deus dos vivos, e não dos mortos" (Mt 22.31-32).

[19]Veja o argumento de Jesus nessa mesma linha em Mateus 23.32.

[20]Daniel Alexander Payne, "Welcome to the Ransomed", in *African American Religious History: A Documentary Witness*, ed. Milton C. Sernett (Durham, NC: Duke University Press), p. 236.

Os testemunhos de Zacarias, de Isabel e dos primeiros cristãos negros são um desafio para nós. É fácil afirmar que a fé que eles tinham era arraigada na crença simplória em um futuro melhor, que lhes dava consolo e alívio do desespero que marcou a era das leis de Jim Crow e a era da escravidão. Mas será que as coisas são assim tão simples? É possível que tenham conquistado com esforço essa confiança em Deus ao refletir sobre as histórias bíblicas de sua fidelidade no passado *e* ao ver o mesmo Deus ativo na vida deles? Será que sua fé, aparentemente vindicada pela vinda de Deus para libertá-los, pode ser um antídoto para nossa asserção cínica de que Deus não fez o suficiente? A liberdade negra e seus avanços aos solavancos nos convidam a perguntar, como os israelitas reunidos ao redor de Zacarias e Isabel: "O que vai ser esse *menino*?". Para Zacarias e Isabel, o menino concedido por milagre é João. Para os cristãos afro-americanos, o milagre é a igreja negra nascida em circunstâncias verdadeiramente miraculosas, e cujo testemunho de Jesus tem atuado como uma espécie de arauto, preparando nosso país para aceitar um evangelho mais verdadeiro e pleno.

Zacarias e Isabel são, no relato de Lucas, lembrança de um sonho adiado, e não de um sonho negado. Da mesma forma, a fé da igreja negra, dos avós em nosso meio, nos desafia a ir além da nostalgia por uma era de fé há muito passada. Devemos fazer mais que agradecer. Devemos voltar a considerar as coisas de Deus e nos perguntar o que o testemunho dessas pessoas significa para nós.

O testemunho de Maria e a esperança de todo cristão negro

Se a fé coletiva dos avós negros nos desafia a reconsiderar a fé, resta sabermos que fé devemos reconsiderar. Que tipo de Deus vemos no Evangelho de Lucas? O que a vinda de Jesus significa para os negros depois da Guerra Civil, das leis de Jim Crow, do movimento de direitos civis e de nosso primeiro presidente negro?

Começamos com o testemunho de Maria. Como sabemos, ela era uma jovem prestes a ingressar em uma vida comum, mas potencialmente alegre, como esposa de um homem (José) que, tudo indica, a amava profundamente (Mt 1.18-19). Nazaré, cidade natal de Maria, era uma vila com cerca de duzentas pessoas, a uma hora de caminhada de Séforis, antiga capital distrital da Galileia. Também ficava próxima de um importante entroncamento de rotas comerciais do Império. Quem ia do Egito a Damasco passava por lá.[21]

É equivocado imaginar que Maria e José vivessem em uma cidadezinha rural idílica, distante das questões políticas de sua época. Os dois cresceram à sombra do Império, com a lembrança do domínio romano a uma curta distância deles. Quaisquer que fossem os sonhos acalentados por Maria em seu coração adolescente a respeito do futuro, foram transformados para sempre pela visita do anjo Gabriel. Ele anunciou que Maria não seria apenas testemunha daquilo que Deus faria no mundo; seria participante. Seria o lugar de habitação de Deus (Jo 1.14), enquanto o Espírito de Deus tecia a esperança do mundo dentro de seu ventre (Lc 1.35).

Para alguns, essa abordagem da história de Lucas, com forte ênfase no nascimento virginal entendido como fato, tem ar de sentimentalismo ou, pior ainda, fundamentalismo. Como observamos anteriormente, a fim de que a interpretação bíblica negra tenha liberdade de traçar seu próprio caminho, também precisa ter liberdade de rejeitar o absoluto ceticismo que nos foi entregue como um dos legados da supremacia europeia nos estudos bíblicos. Por trás do ceticismo acerca do nascimento virginal se encontra toda uma tradição de ceticismo acerca do envolvimento de Deus nos assuntos humanos. Uma vez que pressupomos um Criador, o alicerce de toda a reflexão teológica judaica e cristã, todas as coisas se tornam possíveis. Nas palavras de Paulo: "Por que lhes parece tão incrível que Deus ressuscite os mortos?" (At 26.8). Por que Deus não pode fazer com que uma virgem dê à luz uma criança? De nada adianta falar de falta de atestação antiga do nascimento, como se um relato em Marcos do nascimento de Jesus fosse mudar a opinião de alguns. Há quem precise assumir seu ceticismo, e eu preciso assumir minha fé, ambos frutos de convicções profundas a respeito da natureza da realidade.

Voltando a Nazaré, é pedido de Maria que ela se entregue inteiramente a fim de dar à luz um filho que mudará o mundo de maneiras que ela não poderia imaginar. Nesse risco, nesse sim para Deus, Maria representa cristãos negros (e todos os outros cristãos) chamados a uma entrega total, até

[21] R. Riesner, "Archeology and Geography", in *Dictionary of Jesus and the Gospels*, ed. Joel B. Green, Jeannine K. Brown, e Nicholas Perrin, 2ª ed., (Downers Grove, IL: InterVarsity Press, 2013), p. 49.

física, para um futuro que eles são incapazes de divisar. Maria é modelo para os ativistas fiéis que entregam até o próprio corpo a fim de dar testemunho da obra salvadora divina.

Mas o que Maria pensou disso tudo? O que imaginou que Deus tivesse iniciado ao escolhê-la para trazer o Filho dele ao mundo?

O cântico de Maria (Lc 1.46), conhecido pela palavra inicial em latim, *Magnificat*, começa com louvor: "Minha alma exalta ao Senhor". Essas palavras são importantes, pois situam Maria dentro da fé de Israel. Ela cria no Senhor e o adorava. Seu cântico é mais que uma declaração sobre libertação política. Seu testemunho inclui a adoração ao único Deus verdadeiro. A libertação política (usando uma dicotomia moderna que não existia no primeiro século) tinha como seu *télos* a liberdade de adorar, e não apenas a asserção da perspectiva política do povo.

Mas por que Maria adora o único Deus de Israel? Ela presta culto ao Senhor porque ele é um Deus misericordioso que não tem nenhuma deferência por dinheiro, poder ou influência, mas que volta sua atenção para todos que o temem (Lc 1.50). Maria se alegra, também, porque "seu braço poderoso fez coisas tremendas! Dispersou os orgulhosos e os arrogantes" (Lc 1.51). Isso significa que os orgulhosos que elaboram planos para influenciar o mundo a fim de atender a seus próprios prazeres descobrem que Deus

> Derrubou príncipes de seus tronos
> e exaltou os humildes.
> Encheu de coisas boas os famintos
> e despediu de mãos vazias os ricos.
> Ajudou seu servo Israel
> e lembrou-se de ser misericordioso.
>
> Lucas 1.52-54

Acaso essa não é a esperança de todo cristão negro, de que Deus ouça e salve? De que Deus olhe para aqueles que nos negam empréstimos ou cobram juros exorbitantes a fim de nos manter isolados em nossos bolsões de pobreza e diga para eles que o advento de Deus se levanta contra a opressão? É o que Maria declara, que Deus se revela em glória ao voltar sua atenção para aqueles que o mundo considera indignos e exaltá-los a um lugar de honra.

Maria usa em sua descrição de Deus uma expressão que corrobora nossa asserção a respeito do prazer que Deus tem em libertar um povo que lhe preste culto. Ela diz que ele mostrou "seu braço poderoso". Essa ideia vem de Isaías e de sua predição de um segundo êxodo:

> Desperta, desperta, ó SENHOR! Veste-te de força!
> *Move teu braço poderoso*!
> Levanta-te como fizeste nos dias passados [...].
> Não és o mesmo hoje, aquele que secou as águas
> e fez um caminho no fundo do mar
> para que seu povo atravessasse?
>
> Isaías 51.9-10, grifo nosso

Isaías clama ao Deus do êxodo para que opere um segundo milagre e chame seu povo exilado de volta para casa. A mesma ideia é retomada um pouco mais adiante por esse mesmo profeta quando ele fala da revelação da glória de Deus para que o mundo todo a veja:

> O SENHOR desnudou o seu santo braço
> à vista de todas as nações,
> e todos os confins da terra verão
> a salvação do nosso Deus.
> Fora! Fora! Saiam de lá! [...]
> Porque vocês não sairão às pressas,
> nem partirão como quem foge.
> Porque o SENHOR irá adiante de vocês,
> e o Deus de Israel será a sua retaguarda.
>
> Isaías 52.10-12, NAA

O leitor atento de Isaías observará que, a partir desse ponto, o profeta descreve um servo sofredor cuja morte pelos pecados realiza um segundo êxodo e traz o fim das maldições da aliança que levaram Israel ao exílio (Is 52.13—53.12). Quando Maria fala da revelação do *braço de Deus*, traz à baila a imagem do êxodo e do fim da *escravidão*. Israel aprendeu algo fundamental a respeito de Deus no êxodo. Ele é o Deus que liberta. Ao aguardar com expectativa aquilo que Deus poderia fazer no futuro, os israelitas se voltaram para o êxodo e disseram que qualquer coisa que acontecesse teria de ser em conformidade com essa revelação do caráter de Deus. No êxodo, Deus agiu para libertar seu povo da escravidão, não como um fim em si, mas para que o povo recém-libertado pudesse dar testemunho de uma nova forma de vivenciar sua humanidade. Deus concedeu a Israel liberdade e uma vocação.

Maria declara que Deus voltaria a libertar seu povo por meio do filho dela. Deus mostraria seu braço. Mas até onde Maria conseguiu enxergar? Leu mais adiante em Isaías e refletiu sobre o destino do servo? Voltou a Isaías quando Simeão lhe disse que uma espada atravessaria sua alma (Lc 2.33-35)? Talvez nunca saibamos. O que sabemos, porém, é que a imagem usada por Maria do braço do Senhor e o êxodo que essa imagem traz à mente são relevantes para a ligação histórica entre os afro-americanos e o Deus da Bíblia. O êxodo é fundamental, e nele cristãos negros encontraram um Deus que nos concede libertação e uma vida plena a ser vivida em sua presença.

Qual é o testemunho de Maria? Ela diz que, mesmo debaixo do império, há lugar para esperança e, por vezes, nesse lugar Deus nos chama das sombras para colaborarmos com ele em sua obra magnífica de salvação e libertação.

Essa libertação, pelo menos conforme é descrita por Isaías, talvez implique passar por sofrimento e morte. É possível que Maria tenha sido mais profética do que se deu conta. Não importava de que forma essa libertação ocorresse, ela acarretaria a queda dos que se exaltavam acima dos fracos e acima de Deus, seu defensor. É de suma importância que Maria não perscrutou o longo corredor da história para, então, elaborar uma imagem de Deus que agradasse a imaginação dos negros escravizados que ansiavam por liberdade. Esse Deus já estava presente, à espera de Maria e à nossa espera. Quando Maria se viu face a face com esse Deus, não lhe restou outra coisa a fazer senão adorar. Não causa grande surpresa que nossos antepassados tenham feito o mesmo.

O batismo do Filho e a esperança dos desvalidos (Lc 3.21-22)

Em nosso primeiro contato mais próximo com Jesus, ele está prestes a ser batizado por João perto do rio Jordão. Como observamos anteriormente, o que essa localização representava não passaria despercebido para ninguém que tivesse conhecimento, mesmo que superficial, das principais narrativas de Israel: o mesmo Deus que operou para libertar seu povo do Egito estava prestes a realizar outra obra extraordinária. O ministério de Jesus e o ministério de João se desdobram à sombra do êxodo e, portanto, a prática hermenêutica negra de destacar o êxodo é vindicada. Deus não escolheu os egípcios. Ele escolheu os escravizados, e essa é a história que o início do ministério de Jesus traz à memória.

O que Deus nos diz no batismo de Jesus? Ele chama Jesus "meu Filho amado, que me dá grande alegria" (Lc 3.22). O reconhecimento de que Jesus é Filho é relevante para a preocupação dos negros com justiça, pois a filiação é ligada à identidade de Jesus como Rei e a seu governo justo. Uma vez que concordamos que Jesus é o Filho de Deus e o verdadeiro Rei de Israel, a próxima pergunta é: Que tipo de Rei ele é? Quais são as principais facetas de seu governo?

Na Bíblia, a função do rei é ligada à justiça. Vemos esse fato nos salmos régios (Sl 72.1-4). De acordo com o salmista, o rei (que reflete a justiça de Deus) toma partido dos pobres e desvalidos. A identidade de Jesus como Filho e Rei é inseparável da justiça de Deus, pois o rei de Israel cuida dos pobres.

O restante do Evangelho de Lucas mostra que Jesus não é Filho apenas porque é Rei como todos os outros reis de Israel. Ele é *Filho* porque tem a identidade divina do Pai desde antes da criação do mundo.[22]

O sermão do Filho (Lc 4.15-20)

Depois de ser batizado, Jesus é conduzido pelo Espírito ao deserto e tentado por Satanás. Mais uma vez nos vemos no âmbito do êxodo. Quando Israel é provado no deserto, fracassa e abandona o Deus que salva (Êx 32.1-17). Jesus, em contrapartida, permanece fiel a Deus ao mostrar seu compromisso com as Escrituras (Lc 4.1-13). Três vezes Jesus rebate a tentação de Satanás com citações de Deuteronômio, texto dado aos israelitas quando estavam prestes a entrar na Terra Prometida. Ao citar Deuteronômio, Jesus prepara o cenário para que seu primeiro sermão em Nazaré seja ouvido como a lei maior. São palavras para indivíduos outrora escravizados e prestes a receber as promessas de Deus.

[22] C. Kavin Rowe, *Early Narrative Christology: The Lord in the Gospel of Luke* (Berlin: Walter de Gruyter, 2006).

Mais uma questão precisa ser pautada quanto a sua relação específica com a interpretação bíblica cristã negra. No primeiro capítulo, afirmei que toda teologia é canônica, no sentido de que todos que procuram refletir sobre a Bíblia precisam colocar em ordem os diversos textos bíblicos e entendê-los um à luz dos outros. Não é algo peculiar a cristãos negros; todos seguem essa prática.

Nem sempre se trata de identificar qual relato do cristianismo usa a Bíblia, mas, sim, qual deles faz jus à maior parte possível do testemunho bíblico. Certas formas de uso das Escrituras constituem um testemunho absolutamente falso acerca de Deus. É o que vemos no uso que Satanás faz das Escrituras no deserto. As Escrituras que Satanás usou não eram falsas; o problema é que, ao serem empregadas para os fins dele, essas passagens distorciam o testemunho bíblico. É o que argumento a respeito da exegese dos senhores de escravos no sul antes da Guerra Civil. A forma como os senhores de escravos organizavam o conteúdo bíblico dava falso testemunho de Deus. O mesmo se aplica ao uso de passagens da Bíblia para dizer que não somos responsáveis pelos refugiados, pobres e desvalidos de nosso tempo.

Todavia, vagamos para longe do deserto da Judeia do primeiro século. O objetivo de Lucas é bastante claro: mostrar que Jesus triunfa onde Israel como povo falhou. Depois dessa vitória sobre a tentação no deserto, Jesus chega a Nazaré e faz seu primeiro sermão. Levanta-se na sinagoga para ler as Escrituras, e lhe é entregue o rolo do profeta Isaías. Por obra da Providência, esse é o livro que Jesus recebe para ler, mas ele escolhe a passagem.[23] Lucas registra uma combinação de Isaías 61.1 e Isaías 58.6. Isaías 61.1 fala do servo de Javé, que reaparece ao longo de Isaías 40—66 (42.1-9; 49.1-7; 52.13—53.12). Nessa passagem, o servo declara a missão que recebeu de Deus:

> O Espírito do SENHOR Soberano está sobre mim,
> pois o SENHOR me ungiu
> para levar boas-novas aos pobres.
> Ele me enviou para consolar os de coração quebrantado
> e para proclamar que os cativos serão soltos
> e os prisioneiros, libertos.
>
> Isaías 61.1

[23] R. Alan CULPEPPER, "The Gospel of Luke", in *The Gospel of Luke—The Gospel of John*, NIB 9 (Nashville, TN: Abingdon Press, 1995), p. 105.

Isaías 58.6, ao qual Jesus também faz referência durante seu sermão, ocorre no contexto da crítica divina à falsa religiosidade de Israel:

> Dizem: "Jejuamos diante de ti!
> Por que não prestas atenção?
> Nós nos humilhamos com severidade,
> e tu nem reparas!".
>
> "Vou lhes dizer por quê", eu respondo.
> "É porque jejuam para satisfazer a si mesmos.
> Enquanto isso,
> oprimem seus empregados. [...]
> Vocês se humilham
> ao cumprir os rituais:
> curvam a cabeça,
> como junco ao vento,
> vestem-se de pano de saco
> e cobrem-se de cinzas.
> É isso que chamam de jejum?
> Acreditam mesmo que agradará o SENHOR?
>
> Este é o tipo de jejum que desejo:
> Soltem os que foram presos injustamente,
> aliviem as cargas de seus empregados.
> Libertem os oprimidos,
> *removam as correntes que prendem as pessoas."*
>
> Isaías 58.3,5-6, grifo nosso

O que esses dois textos como colunas centrais do ministério de Jesus significam para os cristãos negros? Primeiro, Jesus prega o evangelho para os *pobres;* os de coração quebrantado são curados e os que vivem debaixo de escravidão são libertos. Isso mostra que aqueles que a sociedade considera secundários recebem lugar de prioridade no reino. Em uma sociedade em que vidas negras são historicamente desvalorizadas, sabemos que temos um defensor na pessoa de Cristo.

Esse tema de como Deus valoriza os desvalorizados, destacado por Jesus, está presente em todo o Novo Testamento. Paulo fala a esse respeito: "Deus escolheu coisas desprezadas pelo mundo, tidas como insignificantes, e as usou para reduzir a nada aquilo que o mundo considera importante" (1Co 1.28).[24] Tiago segue uma linha parecida em sua carta quando diz: "Ouçam, meus amados irmãos: não foi Deus que escolheu os pobres deste mundo para serem ricos na fé? Não são eles os herdeiros do reino prometido àqueles que o amam?" (Tg 2.5).

A interpretação de Jesus da tradição profética israelita se torna paradigmática para a igreja. Isaías 61.1, coluna central da filosofia de ministério de Jesus, diz aos cristãos negros que nem a escravidão, nem as leis de Jim Crow, nem a discriminação no acesso a habitação e a empréstimos, nem qualquer outra arma influencia o amor de Deus por eles. Aliás, ocorre justamente o contrário. Deus mostra sua glória exatamente ao rejeitar o sistema de valores proposto pelo mundo. É a rejeição da avaliação do mundo que eleva a alma dos cristãos negros, pois este país declarou repetidamente que os negros são ontologicamente inferiores.

É importante destacar que o "evangelho" pregado aqui e em outras passagens não se atém a asseverar o valor dos pobres. Jesus os vê como *agentes morais* capazes de arrependimento. Em outras palavras, costuma-se dizer que "boas-novas" para os pobres consistem em alimento, ou emprego, ou liberdade política. É uma ideia parcialmente verdadeira. Mas Jesus também se preocupava com a *vida espiritual* dos pobres. Via-os como corpo e alma. Seu chamado ao arrependimento reconhece que a pobreza não remove a agência dos pobres. Os pobres são capazes de pecar e de se arrepender. O arrependimento significa que, mesmo que os pobres continuem em estado de pobreza, podem ser pessoas transformadas. Os escravizados tinham consciência disso, como vemos ao longo das páginas de seus relatos. Sim, ansiavam pela liberdade propriamente dita (sem espiritualização excessiva), mas também se alegravam com a mudança produzida em sua vida pela presença de Deus.

A segunda alusão a Isaías no primeiro sermão de Jesus (Is 58.6) nos impede de focalizar de modo exagerado os pobres como agentes morais em detrimento do fato de que são verdadeiramente pobres. Isaías 58.1-6 critica duramente a religiosidade falsa mais preocupada em manter rituais que em transformar a situação de vida dos pobres. De acordo com Isaías,

[24] É importante observar que essas pessoas não eram, verdadeiramente, insignificantes ou desprezadas por Deus; antes, era a sociedade que não as valorizava.

a prática autêntica da religião deve produzir mudanças concretas, a remoção de correntes. Ele não se refere a um ato ocasional de libertação, mas a quebrar as cadeias de injustiça. Que outro significado essa expressão pode ter além de uma transformação das estruturas da sociedade que mantêm pessoas presas em uma total ausência de esperança? Jesus tem em mente a criação de um tipo diferente de mundo.

O ministério de Jesus e o reino que ele personifica implicam nada menos que a criação de um novo mundo em que os marginalizados recebem cura espiritual, econômica e psicológica. Os ricos, na medida em que participam dos valores de uma sociedade que desumaniza as pessoas e em que adotam esses valores, opõem-se ao reino de Deus. Essa desumanização pode ocorrer de duas formas. Primeiro, pode tratar os pobres como se fossem apenas corpos que precisam de alimento, e não do amor transformador de Deus. Segundo, pode considerá-los almas cuja experiência do presente não deve ser motivo de preocupação para nós.[25] Essa é a religião falsa que não tem nenhuma ligação com Jesus.

Conclusão

Os cristãos negros muitas vezes são atacados pela direita e pela esquerda. Os da direita com frequência argumentam que a Bíblia é relevante para sua alma, e não para a libertação de seu corpo. Os da esquerda afirmam que os da direita estão certos. A Bíblia não trata claramente das necessidades das pessoas de pele escura. Portanto, precisa ser complementada ou substituída. Não estou dizendo que a Bíblia apresenta as políticas necessárias para o devido funcionamento de uma república democrática. Estou dizendo que apresenta os princípios e as análises críticas fundamentais de poder que dão aos cristãos negros condições de viver e trabalhar em nosso país.

[25] Veja Ibram X. Kendi, *Stamped from the Beginning: The Definitive History of Racist Ideas in America* (New York: Nation Books, 2016), p. 47-57.

5

Orgulho de ser negro

A Bíblia e a identidade negra

Sou negra e bela, ó filhas de Jerusalém.

CÂNTICO DOS CÂNTICOS 1.5[1]

Diga em alta voz! Tenho orgulho de ser negro!

JAMES BROWN

Uma crítica fundamental feita ao cristianismo negro é de que consiste em algo estranho, uma imposição do homem branco pelo poder persuasivo de chicote e correntes. Há quem diga que Jesus nos foi apresentado inicialmente por aqueles que desejavam que fôssemos dóceis e aceitássemos nossa condição terrena enquanto aguardávamos o consolo do mundo por vir. Para alguns, "cristianismo negro" é um oximoro, pois a história cristã não nos pertence. Somos recém-chegados a uma história escrita por outros. Há duas maneiras de responder a essas observações, uma bíblica e outra histórica. Consideraremos a abordagem histórica antes de tratar da questão muito mais importante de Bíblia e identidade étnica que ocupará a maior parte do presente capítulo.

Da perspectiva histórica, é intrinsicamente equivocado dizer que o cristianismo é europeu. Qualquer um que tenha acesso a um livro de história e a um mapa pode provar esse erro. Um fato escondido à vista de todos é que os três maiores centros do cristianismo primitivo foram os patriarcados

[1]Para uma defesa completa da tradução "negra e bela", veja Renita J. WEEMS, "The Song of Songs", in *Introduction to Wisdom Literature: Proverbs—Sirach*, NIB 5 (Nashville, TN: Abingdon Press, 1997), p. 382-84.

de Roma, Antioquia e Alexandria.[2] Desses três, somente Roma corresponde ao que chamamos Europa ocidental. Alexandria fica no Egito, importante centro da cultura africana. Não temos informações precisas sobre como o cristianismo chegou ao norte da África, mas a tradição diz que ela foi evangelizada por São Marcos.[3] Dessa igreja no norte da África vieram algumas das mentes mais brilhantes do cristianismo, como Agostinho e Tertuliano.

Aqueles que duvidam da negritude do cristianismo primitivo têm de tomar uma decisão. Ou alguns ocidentais branquearam a história egípcia ao transformar muitos de seus personagens em europeus, ou não. Se branquearam a história egípcia, essa prática se estende à era da igreja primitiva, o que significa que ou os principais luminares do cristianismo primitivo tinham pele escura, ou o Egito não é tão africano quanto afirmamos.

Não podemos ter uma apresentação pan-africana da história em que todas as pessoas de pele escura do continente são consideradas africanas no relato secular, mas não no relato cristão. Em outras palavras, se alguns membros de meios seculares voltam à grandeza de nosso passado africano como base para a identidade negra no presente, os cristãos negros também podem se apropriar do cristianismo africano primitivo. Portanto, é historicamente impreciso dizer que os *africanos* ouviram falar do cristianismo pela primeira vez no contexto de escravidão. O relato cristão também nos pertence. E remonta a um passado ainda mais distante que essas três sés patriarcais do início da igreja católica. Encontramos africanos no início da história judaica e cristã narrada no texto bíblico.

Para ressaltar essa realidade, transferimos o foco do Egito para o reino da Núbia, mais ao sul, na região correspondente ao atual Sudão. Descobrimos que esse reino foi evangelizado com grande sucesso no sexto século pelo missionário Juliano, enviado de Constantinopla.[4] A rapidez com que o cristianismo se tornou a religião oficial levou alguns a propor que a missão cristã foi anterior às atividades de Juliano.[5] Qualquer que seja o caso, a Núbia é um exemplo de ingresso do cristianismo na África sem colonização.

A Núbia não é o único reino que tem um histórico de cristianismo sem

[2]Elizabeth Isichei, *A History of Christianity in Africa: From Antiquity to the Present* (London: SPCK, 1995), p. 17.

[3]Idem, p. 17.

[4]Idem, p. 30-31.

[5]Idem, p. 30-31.

colonialismo ocidental. A Etiópia tem uma história semelhante. Foi evangelizada por Frumêncio no quarto século. Ele era do Líbano, mas recebeu aprovação de Atanásio de Alexandria para evangelizar a Etiópia.[6] Essa missão foi o início do que se tornou a Igreja Ortodoxa Etíope, que existe até hoje.

O objetivo desses exemplos não é minimizar o dano causado pela colonização da África por alguns cristãos. Esse pecado faz parte de nossa história. Ainda assim, vemos que pessoas de descendência africana foram persuadidas da beleza da mensagem cristã em si mesma, sem colonização. Negros livres leram em textos do Antigo e do Novo Testamento a história de um Deus que os amava e os chamou para fazer parte de sua família. É errôneo dizer que os cristãos negros de hoje estão se rebelando contra suas origens. Se nós da comunidade negra atual desejamos reaver os fragmentos perdidos de nossa história, então resgatemos a história toda. O homem negro ou a mulher negra americana que for à África à procura de suas raízes se surpreenderá ao deparar com muitos ancestrais de pele escura que proclamaram abertamente que Cristo ressuscitou.

O presente capítulo reflete sobre a relevância de alguns indivíduos africanos nas Escrituras e suas implicações para a fé negra em nossos dias.

Bênçãos para todos: Efraim, Manassés e o Israel multiétnico

A maioria dos estudiosos de Gênesis faz distinção entre os capítulos 1—11 e os capítulos 12—50. Os primeiros onze capítulos narram a Criação, a Queda, a expansão da cultura humana e a propagação do pecado. Essa propagação do pecado levou a um ato monumental que desfez a criação: o Dilúvio. O julgamento divino por meio do Dilúvio não resolve o problema do pecado humano. No relato de Gênesis, os indivíduos que saem da arca trazem consigo a natureza decaída de seus antepassados. Essa parte da história da redenção chega a seu ápice com a torre de Babel, uma tentativa dos seres humanos de se opor à ordem de Deus para que enchessem a terra com portadores da imagem divina. Apesar dessa tentativa, Gênesis 11 termina com a humanidade dispersa e com o propósito de Deus aparentemente em risco.

[6] Idem, p. 32.

Diante da rebelião humana, Deus chama Abrão. Sua narrativa é um ponto crítico na história. É o início do épico de Israel:

> O Senhor tinha dito a Abrão: "Deixe sua terra natal, seus parentes e a família de seu pai e vá à terra que eu lhe mostrarei. Farei de você uma grande nação, o abençoarei e o tornarei famoso, e você será uma bênção para outros. Abençoarei os que o abençoarem e amaldiçoarei os que o amaldiçoarem. Por meio de você, todas as famílias da terra serão abençoadas".
>
> Gênesis 12.1-3

A promessa de abençoar todas as nações da terra vem logo depois da chamada "tabela das nações" em Gênesis 10.1-32. Portanto, as nações a serem abençoadas por Abraão são exatamente aquelas que aparecem na passagem anterior.[7] A ligação entre a tabela das nações e a bênção de Abraão é importante, pois os membros dessa lista de nações seriam, em alguns momentos, inimigos de Israel ao longo das muitas vicissitudes da história. Ainda assim, as promessas abraâmicas repetidas em Gênesis 13, 17, 22, 28, 35 e 48 mostram que a intenção de Deus era que nenhum desses povos fosse adversário de Israel para sempre. A visão escatológica de Deus é de reconciliação. A promessa abraâmica de bênção universal é a fonte teológica da declaração de que, nos últimos dias, Deus estabeleceria paz universal (Is 2.1-5).

Essa discussão sobre a bênção abraâmica é relevante para a identidade negra porque mostra que a visão de Deus para seu povo nunca se limitou a um grupo étnico, a uma cultura ou a uma nação. Seu plano era abençoar o mundo *por intermédio* dos descendentes de Abraão. Portanto, desde o início, a visão de Deus incluía pessoas de pele escura. Se o cristianismo aceita o Antigo Testamento como referencial, a natureza global da visão de Abraão mostra como é falsa qualquer asserção de que o Messias Jesus, o Filho supremo de Abraão (Mt 1.1; Gl 3.16), pertence somente à Europa. Deus prometeu tornar Abraão pai de muitas "nações", o que abrangia os vários grupos étnicos do mundo.

Em vez de considerar a narrativa de Gênesis um relato da visão de Deus de um povo multiétnico, muitos viram Gênesis como o texto que mostra que

[7]Victor P. Hamilton, *The Book of Genesis: Chapters 1—17*, NICOT (Grand Rapids, MI: Eerdmans, 1990), p. 374.

a negritude é amaldiçoada.[8] A facção escravagista da América do Norte (e de outros lugares) afirmava que a pele negra e a escravidão eram consequência da maldição de Cam relatada em Gênesis 9.20-27. Nenhuma interpretação arrazoada de Gênesis pode afirmar que (1) Canaã foi o antepassado de todos os africanos; (2) a maldição consistiu em pele negra; (3) o objetivo de Gênesis era confirmar a dominação de povos africanos pelos europeus. Não obstante, a situação social dos escravagistas à procura de justificação para o pecado distorceu o significado evidente do texto. A situação social dos povos africanos que abordaram o texto indagando se havia um lugar para nós nessa história lhes permitiu enxergar o verdadeiro significado de Gênesis.

A importância dos africanos no cumprimento das promessas abraâmicas pode ser vista na história amplamente negligenciada de Jacó, Efraim e Manassés. Cristãos negros conhecem a história de José, vendido por seus irmãos e escravizado no Egito. Por fim, José subiu ao poder, abaixo apenas do faraó (Gn 41.40). O faraó deu a José uma esposa egípcia, Asenate, com quem ele teve dois filhos, Efraim e Manassés.

Depois da reconciliação dramática entre José e seus irmãos, a família é reunida e vai morar no Egito. Perto do fim da vida de Jacó, José leva seus dois meninos para que sejam abençoados pelo avô. No encontro com esses dois meninos meio egípcios e meio hebreus, Jacó se lembra da promessa que ele havia recebido de Deus muitos anos antes:

> Jacó disse a José: "O Deus Todo-poderoso me apareceu em Luz, na terra de Canaã, e me abençoou. Ele me disse: 'Eu o tornarei fértil e multiplicarei seus descendentes. Farei de você muitas nações e darei esta terra de Canaã a seus descendentes como propriedade permanente'. Agora, tomo para mim, como meus próprios filhos, seus dois rapazes, Efraim e Manassés, nascidos aqui na terra do Egito antes de minha chegada. Eles serão meus filhos, como são Rúben e Simeão".
>
> Gênesis 48.3-5

Jacó vê *a pele escura e a origem africana* desses meninos como o início do cumprimento por Deus da promessa de tornar Jacó uma comunidade formada por diversas nações e etnias, e *por esse motivo toma os meninos para si.* Esses dois meninos se tornam duas das tribos de Israel. Egito e África não estão

[8]David M. Goldenberg, "The Curse of Ham", in *The Curse of Ham: Race and Slavery in Early Judaism, Christianity, and Islam* (Princeton, NJ: Princeton University Press, 2003), p. 168-77.

fora do povo de Deus; o sangue africano corre para *dentro* do povo de Israel desde o início como cumprimento da promessa feita a Abraão, Isaque e Jacó.

No que se refere às doze tribos, portanto, nunca houve um Israel biologicamente "puro". Israel sempre foi multiétnico e multinacional. Como negro, quando olho para o relato bíblico, não vejo uma história de outra pessoa, em que preciso encontrar meu lugar por meio de grande esforço da imaginação. Antes, os propósitos de Deus me incluem como elemento insubstituível, juntamente com meus antepassados africanos. Somos os primeiros entre aqueles que foram agregados à família de Abraão como cumprimento antecipado da inclusão das demais nações da terra.

Levemos ainda um pouco mais longe nossa asserção sobre a negritude na Bíblia. Um dos acontecimentos paradigmáticos da vida de Israel foi o êxodo. Nele, Deus liberta os descendentes de Abraão, Isaque e Jacó da escravidão. Como vimos anteriormente, o texto mostra que esses israelitas têm sangue africano.

O que dizer daqueles que saíram do Egito depois de um longo período de escravidão? Êxodo fala de uma "mistura de gente" que partiu com eles. Quem fazia parte dessa mistura de gente? A expressão traduzida dessa forma geralmente é usada para não israelitas. Em outras passagens do Antigo Testamento em que ela ocorre, refere-se a diversos grupos étnicos. Fica claro que Moisés tem em mente um grande número de grupos étnicos, pois ele usa o termo "muitos". Para traduzir Êxodo 12.38 de modo mais preciso, pode-se dizer que "um grande número de diferentes grupos étnicos" saiu do Egito. Sabemos que Cuxe (Núbia) tinha vínculos com o Egito, portanto não é difícil imaginar que alguns daqueles que saíram do Egito fossem negros e que outros grupos do Oriente Médio tenham partido com os israelitas.[9] Esse grupo diversificado de indivíduos de pele escura recém-libertos da escravidão é diretamente ligado à promessa de Deus a Abraão de que ele o tornaria pai de muitas nações.

Precisamos ser absolutamente claros a esse respeito. Quando se trata da presença negra na Bíblia, não é uma questão de encontrar nosso lugar na história de outros. A Bíblia é, primeiramente e acima de tudo, a história sobre o desejo de Deus de criar um povo. E esse desejo nos abrange.

[9]Douglas K. Stuart, *Exodus*, NAC (Nashville, TN: Broadman & Holman, 2006), p. 303-4.

O Filho de Davi: o rei ideal e as nações do mundo

Há uma forte ligação entre Abraão e a diversidade étnica, pois Deus prometeu usar Abraão para abençoar as nações e os povos da terra. Quando levamos em conta essa ligação, o vínculo entre as promessas abraâmicas e as promessas davídicas adquire relevância especial.[10] O salmo 72 se apresenta como uma das últimas orações escritas por Davi. Termina com as palavras: "As orações de Davi, filho de Jessé, se encerraram" (Sl 72.20, tradução nossa). Esse texto deixa a impressão de um ponto culminante que expressa algo essencial acerca da esperança de Davi. Dentro do salmo, a oração gira em torno de Salomão e seu reino iminente. O que Davi espera para seu filho? E qual é a ligação entre essas esperanças e o corpo e a alma das pessoas de pele escura que procuram consolo nesses textos?

Davi faz o seguinte pedido:

> Dá ao rei tua justiça, ó Deus,
> e concede retidão ao filho do rei.
> Ajuda-o a julgar teu povo corretamente;
> que os pobres sejam tratados com imparcialidade.
> Que os montes produzam prosperidade para todos,
> e que as colinas deem muitos frutos.
> Ajuda-o a defender os pobres dentre o povo,
> a salvar os filhos dos necessitados
> e a esmagar seus opressores.
>
> Salmos 72.1-4

Essa oração não é apenas uma mensagem sobre um filho; como palavras dirigidas ao futuro rei, apresenta uma visão do futuro *governo* de Israel. Davi ora para que o *governo* seja um lugar em que a justiça prospere, um lugar em que os aflitos possam se voltar para a pessoa mais poderosa do reino e ser libertos.

Não se trata de boas notícias apenas para Israel. É uma boa notícia para o mundo todo. Salmos 72.8 prossegue: "Que ele reine de mar a mar, / do rio Eufrates até os confins da terra". Essa é uma ampliação da promessa feita por Deus a Abraão em Gênesis 15.17-18:

[10]Quanto à ligação entre 2Samuel 7.14 e Gênesis 12.1-3, veja Craig E. Morrison, *2 Samuel*, Berit Olam (Collegeville, MN: Liturgical Press, 2013), p. 100.

> Quando o sol se pôs e veio a escuridão, Abrão viu um fogareiro fumegante e uma tocha ardente passarem por entre as metades das carcaças. Então o SENHOR fez uma aliança com Abrão naquele dia e disse: "Dei esta terra a seus descendentes, desde a fronteira com o Egito até o grande rio Eufrates".

De acordo com o salmista, os descendentes prometidos a Abraão não têm apenas direito à terra de Israel, mas a toda a terra. As promessas a Abraão são cumpridas, portanto, pelo governo mundial do Filho prometido de Davi. Não se trata de simples expansão territorial. É uma expansão da justiça e da preocupação com os aflitos (Sl 72.1-4) como cumprimento das promessas abraâmicas.[11]

Sabemos que as promessas abraâmicas norteiam a visão de Davi para seu filho, pois mais adiante no salmo ele as traz à baila quando diz: "Que todas as nações sejam abençoadas por meio dele e o louvem". Essa é quase uma citação direta de Gênesis 12.3, com o foco voltado para o Filho de Davi.[12]

O que Abraão e Davi significam, juntos, para as pessoas de pele escura em todo o mundo? Significam que as Escrituras hebraicas têm a visão de que o governo mundial do Rei davídico traz para todos os povos a justiça e a retidão tão almejadas.

Tendo em conta que o futuro reino davídico é descrito como um reino justo e multiétnico, é importante lembrar a ênfase sobre a filiação davídica e abraâmica de Jesus ao longo de todo o Novo Testamento:

> Este é o registro dos antepassados de Jesus Cristo, *descendente de Davi e de Abraão.*
>
> Mateus 1.1, grifo nosso

> Quando Bartimeu soube que Jesus de Nazaré estava perto, começou a gritar: "Jesus, *Filho de Davi*, tenha misericórdia de mim!".
>
> Marcos 10.47, grifo nosso

> Seu pai *Abraão exultou com a expectativa da minha vinda*. Ele a viu e se alegrou.
>
> João 8.56, grifo nosso

[11] Quanto à importância do salmo 72 e a ligação entre as promessas abraâmicas e davídicas, veja Esau MCCAULLEY, *Sharing in the Son's Inheritance* (London: T&T Clark, 2019), p. 146-59.
[12] Idem, p. 114.

> Lembrem-se de que Cristo veio para servir aos judeus, a fim de mostrar que Deus é fiel às promessas feitas a seus patriarcas [...]. E, em outra parte, o profeta Isaías disse:
>
> "Virá *o herdeiro do trono de Davi*
> e reinará sobre os gentios.
> Nele depositarão sua esperança".
>
> Romanos 15.8,12, grifo nosso

> Então um dos 24 anciãos me disse: "Não chore! Veja, o Leão da tribo de Judá, *o herdeiro do trono de Davi,* conquistou a vitória. Ele é digno de abrir o livro e os setes selos".
>
> Apocalipse 5.5, grifo nosso

Todos esses textos afirmam que o cumprimento das promessas, há muito adiado, está ocorrendo em Jesus. Estudiosos talvez digam que não havia expectativas claras de judeus de toda parte em relação ao que o Filho de Davi faria.[13] É uma observação válida, mas, ao que parece, existia um consenso entre os cristãos primitivos de que o Antigo Testamento continha, nas promessas feitas a Davi e a Abraão, uma visão de conversão das nações da terra. Viam em Jesus e na missão dada por ele a seus seguidores o cumprimento dessas promessas. De acordo com esses cristãos, Jesus é a manifestação do amor de Deus pelas etnias do mundo. Textos como o salmo 72 afirmam que, quando o Filho de Davi subir ao trono, seu governo será caracterizado por justiça para todas as nações debaixo de seu domínio. Os escritores do Novo Testamento tinham convicção de que esse governo havia começado com a ressurreição de Jesus e de que Deus os havia chamado para anunciar ao mundo as boas-novas do reinado de Jesus. Da perspectiva dos escritores do Novo Testamento, temos a impressão de que os grupos étnicos do mundo são necessários para que a narrativa tenha o devido final.

As palavras de João a sua congregação — "Anunciamos-lhes aquilo que nós mesmos vimos e ouvimos, para que tenham comunhão conosco. E nossa comunhão é com o Pai e com seu Filho, Jesus Cristo. Escrevemos

[13] Veja Esau McCaulley, *Sharing in the Son's Inheritance*, p. 1-2, 28-46 para um levantamento da questão de Paulo e o messianismo, que mostra negações da expectativa messiânica ao longo do Novo Testamento.

estas coisas para que vocês participem plenamente de nossa alegria" (1Jo 1.3-4) — poderiam ser reescritas hoje para dizer que a jubilosa comunidade do povo de Deus fica incompleta sem os grupos étnicos que ele prometeu incluir em sua família. A visão de Deus para seu povo não é de eliminação da etnia para criar uma uniformidade de insipidez santificada, em que cores não importam. Antes, para Deus a criação de uma comunidade de diferentes culturas unidas pela fé em seu Filho manifesta a natureza abrangente de sua graça. Essa abrangência só se cumpre quando as diferenças são celebradas, não como um fim em si, mas como manifestações específicas do poder do Espírito de produzir, para a glória de Deus, a mesma santidade em culturas e povos distintos.

Dois africanos, uma cruz: a presença negra no início do cristianismo

As Escrituras hebraicas têm a expectativa de uma comunhão multiétnica dentro do povo de Deus. Essa visão e a inclusão de pessoas de pele escura chegaram a se concretizar no Novo Testamento? As promessas feitas aos patriarcas e a visão do reino se perderam quando os primeiros adoradores de Jesus finalmente se reuniram para cantar louvores a seu nome? Para responder a essa pergunta, comecemos antes da ressurreição, com os últimos momentos da vida de Cristo.

Costuma-se dizer que Maria foi a primeira discípula, pois seu sim para Deus (Lc 1.38) levou ao nascimento de Cristo. Paulo comparou o ministério dele a dores de parto (Gl 4.19); Maria, porém, sentiu a dor física real de dar à luz o Messias. Por isso ela recebe honra perpétua e será sempre conhecida como bendita.

No entanto, o retrato de discipulado que vem a definir o cristianismo primitivo é a imagem de tomar a cruz (Mt 10.38; 16.24). Paulo expressa uma ideia semelhante em Romanos quando diz: "Se somos seus filhos, então somos seus herdeiros e, portanto, co-herdeiros com Cristo. Se de fato *participamos de seu sofrimento, participaremos também de sua glória*" (Rm 8.17, grifo nosso). Na estranha organização do reino, a cruz é glória. Mas quem é o primeiro a levar a cruz além de nosso Senhor?

Marcos acrescenta um detalhe interessante a seu relato da paixão de

Cristo. Diz que Simão de Cirene foi obrigado a carregar a cruz.[14] Cirene é uma cidade no norte da África, na região que corresponde à atual Líbia. Assim como o fato de Maria dar à luz o menino Jesus é visto como imagem de fidelidade cristã, o fato de Simão carregar a cruz é manifestação física da realidade espiritual de que o discipulado cristão inclui aceitar o sofrimento.

De acordo com Marcos, Simão é pai de Rufo e Alexandre. Por que mencionar esses indivíduos? A resposta mais lógica é que o público de Marcos os conhecia.[15] Se alguém se sentisse tentado a duvidar do relato da crucificação, poderia conversar com Rufo e Alexandre, membros vivos da comunidade cristã. Não sabemos ao certo quando ou como, mas em algum momento esse pai africano veio a crer na verdade do evangelho e transmitiu sua fé a seus filhos e, possivelmente, a sua esposa (Rm 16.13).[16] No momento em que Cristo está reconciliando o mundo consigo na cruz, uma família africana está dando os primeiros passos em direção ao reino.

Os membros da família de Simão de Cirene não eram os únicos africanos na igreja primitiva. Atos diz que a perseguição sofrida pelos cristãos depois do martírio de Estêvão levou alguns cristãos a sair de Jerusalém. Aqueles que fugiram começaram a pregar o evangelho fora da cidade santa (At 8.4). Essa obra evangelística cumpriu a promessa de que os cristãos seriam testemunhas de Jesus desde Jerusalém até os confins da terra (At 1.8).

Filipe foi um dos que saiu de Jerusalém e anunciou o evangelho. Atos 8.26 diz que, enquanto Filipe caminhava, um anjo o instruiu a pegar a estrada de Jerusalém para Gaza. O anjo o fez mudar de rumo para que encontrasse um eunuco etíope encarregado do tesouro da rainha-mãe da Etiópia.[17] Dentro do universo narrativo de Atos, a conversão desse etíope manifesta a preocupação de Deus com as nações do mundo.

Filipe se aproxima do etíope e observa que ele está lendo uma passagem de Isaías. O etíope dificilmente teria conhecimento de Isaías se não

[14]Há certa controvérsia quanto a considerar que se trata de um ato de discipulado. Veja Luke Powery, "Gospel of Mark", in *True to Our Native Land: An African American New Testament Commentary* (Minneapolis, MN: Fortress Press, 2007), p. 150.

[15]Powery, "Gospel of Mark", p. 150; veja também Richard Bauckham, *Jesus and the Eyewitnesses: The Gospels as Eyewitness Testimony* (Grand Rapids, MI: Eerdmans, 2006), p. 51.

[16]Bauckham, *Jesus and the Eyewitnesses*, p. 52, nota 49.

[17]J. F. Prewitt, "Candace", in *International Standard Bible Encyclopedia (Revised)*, ed. Geoffery W. Bromiley, conforme edição eletrônica, versão 1.2 (Grand Rapids, MI: Eerdmans, 1979), p. 591.

soubesse nada a respeito do Deus de Israel. Esse fato mostra uma ligação africana profunda com o Deus da Bíblia. A passagem em Isaías que ele estava lendo diz:

> Ele foi levado como ovelha para o matadouro;
> como cordeiro mudo diante dos tosquiadores,
> não abriu a boca.
> Foi humilhado e a justiça lhe foi negada.
> Quem pode falar de seus descendentes?
> Pois sua vida foi tirada da terra.
>
> Atos 8.32-33; Is 53.7-8 (LXX)

Perplexo diante do texto, o eunuco pede a Filipe que o explique. Não sabemos o que exatamente Filipe explicou. O que sabemos é que Isaías 52.13—53.12, que fala daquilo que acontece ao servo sofredor, era um texto fundamental para a interpretação cristã primitiva da morte de Jesus (Gl 1.4; 2.20; Rm 4.25; 8.32). No contexto do Antigo Testamento, a narrativa do servo em Isaías 53 é antecedida pelo anúncio de um novo êxodo:

> Saiam! Saiam e deixem para trás o cativeiro,
> não toquem no que é impuro.
> Saiam daí e purifiquem-se,
> vocês que levam de volta os objetos sagrados do SENHOR.
> Não partirão às pressas,
> como quem foge para salvar a vida,
> pois o SENHOR irá à sua frente;
> sim, o Deus de Israel os protegerá na retaguarda.
>
> Isaías 52.11-12

Resta, porém, a pergunta: Como ocorre essa libertação que Isaías antevê? A resposta é o servo de Isaías 53. Ele foi "desprezado e rejeitado", mas, ainda assim, tomou sobre si "nossas enfermidades" e "foi ferido por causa de nossa rebeldia". Os cristãos primitivos interpretavam Isaías 53 como uma referência a Jesus, cuja morte pelos pecados reconcilia Israel e o mundo com Deus. Talvez tenha sido essa a explicação que Filipe deu ao etíope. O indivíduo descrito nessa passagem, que sofre para nos reconciliar, não é outro senão Jesus, o Messias que está vivo e reina com Deus nos céus.

Em outras palavras, Filipe lhe falou da gloriosa contradição de um Messias crucificado, e o evangelho realizou sua obra.

Quando combinamos o relato sobre Simão com o relato sobre o eunuco etíope, vemos que *dois africanos* foram conduzidos à fé cristã por meio de encontros poderosos com a cruz. A história de Jesus crucificado e ressurreto atraiu o etíope e o levou a ser batizado. Temos aqui mais um sinal claro de que os africanos são atraídos para o cristianismo da mesma forma que todas as outras pessoas. Cristo morreu por nossos pecados para nos reconciliar com Deus.

Considero relevante o fato de que o etíope estava lendo um trecho específico da passagem sobre o servo, a saber, a parte em que se diz que lhe seria negada justiça.[18] O eunuco não era materialmente pobre, mas, como alguém castrado, ocupava uma posição ambígua na sociedade, pois era comum eunucos serem desprezados.[19] Em uma cultura definida estritamente pelos papéis associados a cada gênero, ele era visto como uma aberração. Será que ele considerava aquilo que lhe havia sido feito uma grande injustiça e fosse obrigado, para sua segurança, a se manter calado, como Cristo sofreu em silêncio? Havia algo em comum entre a rejeição que o servo sofreu e a rejeição que o eunuco vivenciava? Se o eunuco se identificou com Jesus como alguém que sofreu injustiça, esse pode ter sido um dos primeiros de incontáveis cristãos negros que encontraram sua dignidade e seu valor próprio na dignidade e no poder que Cristo recebeu em sua ressurreição. Talvez a conversão do eunuco seja um exemplo da inversão à qual Paulo se refere:

> Lembrem-se, irmãos, de que poucos de vocês eram sábios aos olhos do mundo ou poderosos ou ricos quando foram chamados. Pelo contrário, Deus escolheu as coisas que o mundo considera loucura para envergonhar os sábios, assim como escolheu as coisas fracas para envergonhar os poderosos. Deus escolheu coisas desprezadas pelo mundo, tidas como insignificantes, e as usou para reduzir a nada aquilo que o mundo considera importante. Portanto, ninguém jamais se orgulhe na presença de Deus.
>
> 1Coríntios 1.26-29

[18] J. Alec Motyer, *The Prophecy of Isaiah: An Introduction and Commentary* (Downers Grove, IL: InterVarsity Press, 1993), p. 435, acredita que o texto destaque a falta de respeito aos devidos procedimentos. O julgamento de Jesus foi uma farsa.

[19] Michael C. Parson, *Acts*, Paideia (Grand Rapids, MI: Baker, 2008), p. 120.

Esse eunuco, em sua condição de "coisa desprezada", encontrou esperança no Messias humilhado cuja ressurreição exalta a lugares de honra aqueles que são afrontados. A indignidade desses indivíduos não é ontológica. O eunuco continuava a ser portador da imagem de Deus. Cristo mostrou quem o eunuco verdadeiramente era. De modo semelhante, Cristo não transmite valor para uma negritude ontologicamente inferior. Afrodescendentes são portadores da imagem de Deus da mesma forma que qualquer outra pessoa. O que Cristo faz é nos libertar para que nos tornemos aquilo que devemos ser: cidadãos redimidos e transformados do reino.

Essas reflexões sobre sofrer injustiça e afronta como ponto em comum não excluem a obra expiatória de Cristo na cruz. Ressaltam, contudo, um aspecto específico da reflexão teológica negra que será considerado em mais detalhes no capítulo seguinte, a saber, que por meio da cruz os cristãos negros recuperam sua percepção de identidade. Encontramos consolo no fato de que o Filho sofreu injustiça, mas Deus o fez vitorioso. Esse fato nos dá esperança de que Deus fará o mesmo por nós.

O que os relatos sobre Simão e sobre o eunuco etíope significam para o cristianismo negro? Mostram que a história do cristianismo primitivo faz parte de nossa narrativa. Estamos junto à cruz. Estamos no início da comunidade cristã emergente.[20] Não há nenhuma indicação de que Simão ou o etíope tenham considerado impossível alguém ser africano e cristão. Suas narrativas também mostram que a cruz desempenhou um forte papel em sua conversão e que a identificação com o sofrimento injusto de Jesus pode ter sido um aspecto fundamental da fé africana primitiva. Por fim, vemos no relato sobre Simão a possibilidade de que a fé iniciada quando ele deparou com a cruz tenha sido transmitida de forma orgânica para os membros de sua família, indivíduos conhecidos pelos primeiros leitores do Evangelho de Marcos.

Como a história termina: a visão de João

Propus que os afrodescendentes fazem parte do povo de Deus desde o princípio. Vemos essa realidade na inclusão de africanos na nação de Israel e na conversão de africanos no início do cristianismo. Não devemos perder

[20]Veja também a liderança africana registrada em Atos 13.1-3.

de vista o fato de que a história do cristianismo pertence, em última análise, ao Deus trino que se gloria em incluir as nações do mundo em sua família. A conversão dos afrodescendentes é uma das manifestações da vontade de Deus de reunir um povo. Para encerrar essa reflexão sobre a Bíblia e a identidade negra, desejo investigar, por meio de Apocalipse, a relação entre conversão e nossa identidade étnica.

É comum ouvirmos que valorizar a identidade étnica não é apropriado para cristãos. Alguns cristãos brancos passaram até a dizer que não veem cores. Essa ideia se baseia em uma estranha apropriação do discurso de Martin Luther King Jr., "Eu tenho um sonho". Nessa mensagem, King fala de sua visão de crianças negras e crianças brancas brincando juntas e de pessoas que são julgadas "não pela cor de sua pele", mas "pelo conteúdo de seu caráter".[21] Nunca foi intenção de King dizer que etnia e cultura são irrelevantes. Seu objetivo era mostrar que não devem ser causa de discriminação. King dizia aos afro-americanos que deviam se orgulhar de sua cultura e de sua herança:

> O negro só será livre quando for ao mais profundo de seu ser e assinar com a caneta e a tinta da humanidade assertiva a própria declaração de emancipação. [...] O negro tem de lançar fora destemidamente as cadeias de abnegação própria e dizer a si mesmo e ao mundo: "Sou alguém. Sou uma pessoa. Sou um ser humano com dignidade e honra. Tenho uma história rica e nobre, por mais cheia de dor e exploração que tenha sido essa história. Sim, fui escravo por meio de meus antepassados, e não tenho vergonha disso. Tenho vergonha daqueles que foram pecadores a ponto de me tornar escravo". Precisamos nos levantar e dizer: "Sou negro, mas sou negro e lindo". Essa validação própria é a necessidade do negro, uma necessidade premente em razão dos crimes dos brancos contra ele.[22]

King não falava de não fazer distinção de cores; pelo contrário, exortava seu povo a se ver como negro e a considerar essa negritude algo belo. Ao fazê-lo, King reflete a visão de Apocalipse em que cada uma das etnias traz para Deus sua glória singular.

[21] Martin Luther King Jr., "I Have a Dream", in *I Have a Dream: Speeches and Writings that Changed the World*, ed. James M. Washington (New York: HarperCollins, 1992), p. 101-6.
[22] Martin Luther King Jr., "Where Do We Go from Here?", em *I Have a Dream: Speeches and Writings that Changed the World*, ed. James M. Washington (New York: HarperCollins, 1992), p. 169-79.

Outros se baseiam em Gálatas 3.28 para argumentar contra a distinção de cores. Nesse versículo, Paulo diz: "Não há judeu ou grego, homem ou mulher, não há escravo ou livre, pois todos vocês são um em Cristo" (tradução nossa). Para alguns, essa passagem significa que, de acordo com Paulo, nossa identidade em Cristo cancela nossas identidades étnicas. Essa ideia causa estranheza por vários motivos. Poucos diriam que não fazem distinção de gênero por causa de nossa identidade em Cristo. Ademais, Paulo dá grande destaque a dois aspectos de seu trabalho missionário que levantam dúvidas sobre essa falta de consciência racial (ou, mais precisamente, étnica): (1) ele toma para si a designação de apóstolo aos *gentios* (Rm 11.13), e (2) ele fala de sua flexibilidade missional no que diz respeito às culturas judaica e gentia, em prol de um evangelismo eficaz (1Co 9.20-23).[23] Por que Paulo faria questão de evangelizar gentios se não se importava com etnia? Por que falaria de diferentes estratégias missionárias se não reconhecia diferenças entre judeus e gentios? Dizer que Paulo não enxergava distinções é contrário a todo o seu ministério.

Uma interpretação de Gálatas 3.28 que apague qualquer distinção de cores é equivocada porque não leva em conta devidamente o contexto de Gálatas. A pergunta presente do começo ao fim dessa carta é: Quem são os herdeiros legítimos das promessas feitas a Abraão? Os adversários de Paulo afirmavam que era necessário crer em Cristo e fazer as obras da lei a fim de se tornar herdeiro, enquanto Paulo asseverava que a fé torna a pessoa herdeira legítima. A negação por Paulo de classe, gênero e etnia deve ser entendida à luz dessa pergunta fundamental. Paulo mostra que ser judeu não torna alguém mais digno de herdar as promessas de Deus do que ser gentio. É uma pergunta a respeito da situação da pessoa em relação à herança, e não a respeito de identidade étnica. Ponto-final.[24]

Mesmo que não se possa recorrer a Paulo para negar a identidade étnica no cristianismo, alguns talvez digam que não temos uma *apresentação afirmativa* do que significa ser africano, latino ou asiático em Cristo. As palavras de João em Apocalipse fornecem a chave para entender o papel de nossa identidade étnica na vida cristã.

[23] Anthony C. Thiselton, *The First Epistle to the Corinthians: A Commentary on the Greek Text*, NIGTC (Grand Rapids, MI: Eerdmans, 2000), p. 702.

[24] Para uma discussão mais detalhada de Gálatas 3.28, veja McCaulley, *Sharing in the Son's Inheritance*, p. 159-69.

O Apocalipse de João começa com uma visão do Senhor ressurreto que reina, visão que deixa João prostrado (Ap 1.1-20). Em seguida, João apresenta uma série de cartas às sete igrejas (Ap 2.1—3.22) e uma visão do louvor no céu (Ap 4.1-11). Mais adiante, ele revela uma visão do futuro que abrange julgamento e salvação (Ap 6—8). Todavia, há um problema.

De acordo com João, não há ninguém no céu nem na terra digno de abrir os livros que contêm a vontade de Deus para o futuro (Ap 5.1-4). João articula a pergunta central da história humana. Qual é nosso futuro e quem o controla? O que será feito de nós? Nenhum agente humano é digno. Os políticos do tempo de Jesus e de nossos dias, não obstante suas pretensões ao poder, não estão no controle.

Há somente uma pessoa digna de desenrolar a história humana e realizar os propósitos de Deus: Aquele que, em fraqueza, se entregou para nossa salvação e que, agora, reina em poder. Apocalipse 5.5 diz: "Então um dos 24 anciãos me disse: 'Não chore! Veja, o Leão da tribo de Judá, o herdeiro do trono de Davi, conquistou a vitória. Ele é digno de abrir o livro e os setes selos'". Como Rei ressurreto que reina, Jesus conquistou para si o poder de ordenar a história. Essa é uma verdade relevante para a questão de *identidade étnica*, pois a visão de Jesus para o ápice da história humana louva a importância da etnia.

Apocalipse 7.9-10 volta o foco para o final, onde vemos diversidade étnica:

> Depois disso, vi uma imensa multidão, grande demais para ser contada, de todas as nações, tribos, povos e línguas, em pé diante do trono e diante do Cordeiro. Usavam vestes brancas e seguravam ramos de palmeiras. E gritavam com grande estrondo:
>
> "A salvação vem de nosso Deus,
> que está sentado no trono,
> e do Cordeiro!".

A referência à *multidão* traz à memória as promessas feitas a Abraão de que ele seria pai de muitas nações. Também lembra as promessas feitas a Davi de que seu Filho reuniria e abençoaria as nações do mundo com seu governo benevolente. João menciona quatro aspectos dessa multidão. Ela é constituída de pessoas de todas as nações, tribos, povos e línguas. Cada aspecto destaca, a seu modo, diversidade. Esses povos, culturas e línguas distintos são *escatológicos* e *perpétuos*. No fim, não encontramos uma eliminação das diferenças. Antes, a própria diversidade das culturas é manifestação da glória de Deus.

A visão escatológica divina da reconciliação de todas as coisas em seu Filho torna necessário que minha negritude e a identidade latina de meu vizinho permaneçam para sempre. Dizer que cristãos não enxergam cores fica aquém do ensinamento bíblico e da glória de Deus.[25] O que promove nossa unidade nessa diversidade? Não é assimilação cultural, mas o fato de que adoramos o Cordeiro. Isso significa que os dons recebidos por nossas culturas não são fins em si. Nossas culturas distintas representam os meios pelos quais damos glória a Deus. Ele é honrado por meio da diversidade de línguas que entoam a mesma canção. Portanto, quando dou menos importância a minha negritude ou deixo minha cultura de lado, crio limites para os dons que Deus me concedeu, dons a serem usados em sua igreja e em seu reino. A visão do reino é incompleta sem pessoas de pele escura que adoram lado a lado com pessoas de pele clara como parte do único reino debaixo de um único Rei.

Conclusão

O presente capítulo tratou da relação entre a identidade negra e a Bíblia. Há dois grupos que desejam nos separar da narrativa cristã. Um grupo afirma que o cristianismo é, em essência, uma religião branca. Da perspectiva histórica, essa asserção é simplesmente falsa. O centro do cristianismo primitivo foi o Oriente Médio e o norte da África. Mais que uma questão histórica, porém, é uma questão bíblica. A quem pertence a narrativa cristã registrada nos textos que constituem o cânone? Argumentei que o cristianismo é, em última análise, uma narrativa sobre Deus e seus propósitos. Essa é uma boa notícia. Sempre foi plano de Deus reunir um grupo diversificado de pessoas para lhe prestar culto. O ímpeto da narrativa bíblica depois da queda nasce das promessas feitas a Abraão de que ele seria pai de

[25] Isso não significa que Deus aprova incondicionalmente todos os aspectos de nossas culturas. Tanto no âmbito individual quanto no âmbito coletivo, todas as coisas precisam ser transformadas a fim de concretizar plenamente os propósitos de Deus.

muitas nações. Nos relatos sobre Efraim e Manassés, vemos que essa promessa foi inicialmente cumprida na inclusão de dois meninos africanos no povo de Deus. Essa inclusão de africanos foi reiterada quando um grupo multiétnico deixou o Egito. As promessas a Abraão foram expandidas para constituir a visão de um reino por meio das esperanças de um rei davídico que governaria e abençoaria as nações. O Novo Testamento afirma repetidamente que Jesus é esse Rei que cumpre as promessas. Ele reúne as nações debaixo de si. Observamos essa visão se concretizar na conversão de africanos: Simão e sua família, bem como o eunuco etíope. Como ocorreu na formação do povo israelita, vemos na formação da igreja pessoas de pele escura. Para concluir, argumentamos que, no fim dos tempos, quando nos encontrarmos com nosso Salvador, não iremos até ele como uma multidão sem rosto, mas como fiéis transformados de todas as tribos, línguas e nações. Quando os cristãos negros ingressam na comunidade de fé, não ingressam em território desconhecido. Encontram o caminho para casa.

6

O que fazer com essa fúria?

A Bíblia e a ira dos negros

Ser negro neste país, e ser relativamente consciente, é viver em fúria quase todo o tempo.

James Baldwin

A mensagem da cruz é loucura para os que se encaminham para a destruição, mas para nós que estamos sendo salvos ela é o poder de Deus.

1Coríntios 1.18

Eu tinha 8 anos quando fui chamado ofensivamente de "preto" [*nigger*] pela primeira vez. Tudo começou no meio da manhã, quando me senti mal durante a aula na escola de ensino fundamental Rolling Hills. Não era meu costume tentar fugir das aulas. Minha mãe trabalhava fora o dia todo e não havia ninguém para cuidar de mim se eu ficasse doente. No dia em questão, meu mal-estar era tanto que foi necessário telefonar para a fábrica da Chrysler onde minha mãe trabalhava. Segui o devido procedimento e fui à secretaria da escola, onde a secretária ligou para o número que estava em minha ficha de contatos em caso de emergência. Em seguida, passou o telefone para mim. Pedi para falar com Laurie McCaulley, mas o homem do outro lado da linha disse que eu havia ligado para o número errado e desligou sem falar mais nada. Expliquei para a secretária o que havia acontecido, pensando que talvez ela tivesse se enganado ao digitar o número. Ela ligou novamente e passou o telefone para mim. Um tanto assustado, pedi mais uma vez para falar com Laurie McCaulley. Exasperado, o homem que atendeu disse algo do tipo: "Já lhe falei que você ligou para o número errado. Esses pretos não sabem nem usar o telefone". E desligou.

Antes desse telefonema, eu tinha consciência de que era negro. Mas, até então, esse fato havia permanecido envolto em acalentadora normalidade. Minha igreja era negra, minha escola era negra, os times nos quais eu jogava eram negros. Quando fazíamos faxina em casa, música *soul* tocava ao fundo e anunciava, em alta voz: "Tenho orgulho de ser negro". Na época, eu não fazia ideia de que essas palavras de James Brown eram um grito de protesto contra a desumanização dos negros. Sua provocação passava batida por mim. Ao telefone naquela manhã, vivenciei minha negritude como motivo de desprezo. Lembro-me de me perguntar como ele soube que eu era negro sem me ver. Foi a dicção ou o timbre de minha voz? Minha negritude passou pela linha telefônica e o ofendeu de algum modo? Também me lembro da fúria que cresceu junto com a percepção de impotência. Havia sofrido uma agressão emocional, mas não tinha como reagir. Percebi-me vulnerável diante de um homem branco que nem me conhecia. O mal-estar que tinha me levado à secretaria se transformou em uma sensação de pavor. Creio que entendi que esse era o início, e não o fim, dos ultrajes.[1]

Uma longa lista de sofrimentos negros

Garotinhas e garotinhos negros colecionam esses menosprezos, grandes e pequenos, ao tentar encontrar um rumo para a vida em metrópoles e cidadezinhas, estradas e becos de nosso país. Os meninos veem sua beleza negra da infância se transformar em perigo. As meninas ingressam na idade adulta sob a pressão de se conformar a estereótipos sexuais que as apresentam como objetos de prazer. À medida que quadris e coxas se desenvolvem, também crescem as ameaças a sua segurança. Crianças negras aprendem estratégias de sobrevivência que, muitas vezes, lhes custam sua infância e sua humanidade intrínseca. No jovem coração negro cresce a sensação de que algo não está certo.

[1]W. E. B. Du Bois, ao tratar de sua experiência pessoal da negritude como perigo, diz: "Foi naqueles primeiros dias da infância travessa que, de uma vez só, a revelação me tomou de surpresa. Lembro-me bem de *quando a nuvem me encobriu*". W. E. B. Du Bois, *The Souls of Black Folk* (New York: Dover Publications, 1903, 1994), p. 1-2, grifo nosso.

Começamos a perceber nossas limitações quando as contrastamos com a despreocupação dos jovens brancos. A ira cresce e, muitas vezes, não temos onde colocá-la, de modo que acabamos voltando-a contra quem está mais próximo. Agredimos uns aos outros e definimos padrões absurdos de respeito. Exigimos com violência o respeito de nossos amigos e vizinhos negros porque somos assombrados pelo desrespeito em espaços brancos. Eu vivia com medo de quebrar uma dessas "regras do bairro" e de outros descarregarem em mim sua frustração negra acumulada. Cresci cercado de homens negros que batiam em mulheres negras, e não havia nada que eu pudesse fazer para impedi-los. Minha impotência me enfurecia. Essa raiva faz parte da experiência de vida de muitos afro-americanos que, nas palavras de James Baldwin, são "relativamente conscientes".

Muitos afro-americanos que abandonaram o cristianismo foram, em parte, motivados por essa raiva. Embora o cristianismo não seja a religião dos brancos, ainda assim é verdade que cristãos brancos continuam a nos ferir. Como propus, a Bíblia mostra desde o início a presença de irmãs e irmãos negros que participam da magnífica obra redentora divina. Também é verdade que, se recorrermos à história, veremos que desde os primórdios dos Estados Unidos a pesada bota da supremacia branca pisa as costas de mulheres e homens negros.

Os negros entram nas leis desta terra não como pessoas, mas como instrumentos contábeis para definir os direitos de votos dos brancos (o Acordo dos Três Quintos).[2] Antes disso, éramos impiedosamente arrancados de nossas terras nativas e atirados para o outro lado do mundo, onde éramos espancados, procriados, estuprados e degradados. Famílias eram despedaçadas, e nenhuma porta de oportunidade se abria para nós. Éramos desprezados e rejeitados pelos homens, considerados amaldiçoados e abandonados por Deus. Éramos aqueles de quem os homens escondiam a face.[3]

[2] Para resolver a controvérsia sobre a contagem de escravos (se e como deviam ser contados), foi firmado esse acordo entre os estados do sul e os do norte dos EUA. Três quintos dos escravos eram contados como parte da população de cada estado para determinar quantos lugares ele teria na Câmara dos Representantes e quanto pagaria de impostos. (N. da T.)

[3] Quanto aos paralelos entre o leilão de escravos e a Paixão, veja William James JENNINGS, *The Christian Imagination: Theology and the Origins of Race* (New Haven, CT: Yale University Press, 2010), p. 19-24.

O ano de 1865 não representou liberdade, mas apenas o início de um tipo diferente de luta. Os anos de reconstrução criaram algumas oportunidades para os negros. No entanto, negros voltaram a ser sacrificados no altar das concessões em 1877, quando, na troca da presidência, os republicanos concordaram em remover soldados do sul. O que se seguiu foi uma série crescente de leis de Jim Crow que privaram o povo negro de sua dignidade e de oportunidades.

Quanto mais preciso dizer? Levaria muito tempo para falar da árvore de linchamentos, do Verão Vermelho,[4] dos cães e das mangueiras de água, dos protestos pacíficos e de Emmett Till,[5] Medgar Evers,[6] Martin Luther King Jr., daqueles que desafiaram governadores e presidentes, enfrentaram multidões e entoaram cânticos de vitória, pessoas das quais o mundo não era digno. A história do povo negro em nosso país é uma longa lista de sofrimentos. E, no entanto, certamente somos mais que essas aflições. Há um fio de vitória entretecido nessa trama de desesperança. Ainda estamos aqui! Por vezes, contudo, é difícil ver esse fio em um tecido manchado de sangue.

Quando uma pessoa negra aprende a história de nosso sofrimento e continua a vivenciar os abalos sísmicos secundários pós-escravidão na opressão que persiste, uma sensação de fúria, ou mesmo de niilismo, começa a nascer. Nosso sofrimento não é consequência acidental de um sistema que, em todos os outros aspectos, se mostra justo. O sistema foi criado para operar dessa forma. O que fazer com essa ira, com essa dor? O que o cristianismo pode oferecer? O que a cruz tem a dizer, não apenas sobre o sofrimento humano, mas sobre o sofrimento específico dos afro-americanos?

Quero apresentar quatro reflexões cristãs sobre a ira e o sofrimento dos negros. Primeiro, proponho que a dor e a ira de Israel registradas nos Profetas e no Saltério são uma forma de processar a tristeza dos negros. Segundo, argumento que os profetas nos advertem que o ciclo de violência é

[4]Nos EUA, as "árvores de linchamento" eram usadas por multidões de brancos para enforcar negros. O "Verão Vermelho" foi um período de vários meses, em 1919, marcado por intensa violência de supremacistas brancos e contra-ataques de negros. (N. da T.)

[5]Emmet Louis Till, afro-americano de 14 anos, foi linchado no estado do Mississipi, após ser acusado de ofender uma mulher branca em um supermercado. Till se tornou postumamente um dos símbolos do movimento de direitos civis. (N. da T.)

[6]Medgar Evers foi importante defensor dos direitos civis nos Estados Unidos. Trabalhou em várias frentes para acabar com a segregação, até ser assassinado em 1963 por um membro de um grupo de supremacistas brancos. (N. da T.)

um beco sem saída. Terceiro, ao voltar-me para o Novo Testamento, afirmo que a cruz atua como *o fim do ciclo de vingança e morte* e que a cruz é o lugar em que Deus entra em nossa dor. Por fim, proponho que os temas bíblicos centrais de ressurreição, ascensão e juízo final são necessários em todo relato da ira e da dor dos negros.

Junto aos rios da Babilônia: a fúria pessoal e coletiva de Israel

Afro-americanos não são muito diferentes dos israelitas no que diz respeito a uma história repleta de inimigos e injustiças pessoais e coletivas. Encontramos a narrativa desse sofrimento nos salmos de lamento de Israel, especialmente em seus salmos imprecatórios.[7] Há quem diga que, em razão das palavras severas que pedem vingança nos salmos imprecatórios, eles "não podem ser usados no culto cristão".[8] Esses salmos são considerados impossíveis de usar porque, quando os autores falam de seus inimigos, pedem a Deus: "Que seus olhos se escureçam para que não vejam, / e que seu corpo trema sem parar. / Derrama tua fúria sobre eles, / consome-os com o ardor de tua ira" (Sl 69.23-24).

Nesses salmos, encontramos mais que uma súplica para que olhos se escureçam e o corpo trema. Eles clamam por colapso social e econômico total de seus inimigos que leve à morte. Salmos 109.7-10 diz:

> Quando julgarem sua causa,
>   que o declarem culpado;
>   considerem pecado suas orações.
> Que sua vida seja curta,
>   e outro ocupe seu lugar.
> Que seus filhos se tornem órfãos,
>   e sua esposa, viúva.
> Que seus filhos andem sem rumo, como mendigos,
>   e sejam expulsos de suas casas em ruínas.

[7]Quanto a salmos de lamento e salmos imprecatórios, veja Bernhard W. ANDERSON, *Out of the Depths: The Psalms Speak for Us Today* (Louisville, KY: Westminster John Knox Press, 2000), p. 49-76.
[8]Idem, p. 70.

Essas são as palavras de um povo que conhece a *fúria*, que sabe como é pedir socorro a quem ocupa cargos de poder, na esperança de que haja retribuição, e ser empurrado mais fundo no lamaçal. Essas são palavras daqueles que passam a pé na frente das mansões de famílias que vivem em luxo, cientes de que essa riqueza foi obtida à custa do sofrimento deles. Os filhos do opressor vivem confortavelmente enquanto os filhos dos oprimidos passam fome. A esposa do rico se veste com roupas da última moda enquanto a esposa do oprimido se cobre de trapos. Trataremos da resposta de Deus a esses salmos daqui a pouco, mas primeiro temos de ouvir com atenção as injustiças que produziram essa ira. É uma ira que nasce da impotência; é um clamor para o único que resta capaz de corrigir essas injustiças: Deus. Para quem os exauridos e alquebrados de Israel podem se voltar, senão para Deus?

É possível que o salmo 137 seja o mais difícil desses salmos de vingança. O anseio melancolicamente belo que dá início ao poema só é equiparado pelo final assustadoramente violento. O salmo 137 foi escrito da perspectiva dos israelitas que vivenciaram o trauma da destruição do templo, do incêndio que arrasou Jerusalém, do estupro e da morte que acompanham conquistas de cidades antigas e modernas.[9] Essas são as palavras de sobreviventes que se recordam da devastação do que outrora havia sido Israel e não têm o que fazer senão lamentar. A versão King James da Bíblia expressa bem essa ideia: "Junto aos rios da Babilônia, ali nos assentamos, sim, choramos ao nos lembrar de Sião. Penduramos nossas harpas nos salgueiros que há no meio dali" (Sl 137.1-2, KJV).

Ninguém que tenha lido sobre famílias negras separadas depois de sobreviver à travessia do Atlântico em navios negreiros deixará de ver a profunda afinidade com Israel nas histórias de traumas que temos em comum. Gomez Azurara relata a cena de africanos escravizados chegando a Lagos, Portugal, em 1844:

> Para intensificar ainda mais seu sofrimento, chegaram os encarregados da divisão dos cativos [...] era necessário separar pais de filhos, maridos de esposas, irmãos de irmãos [...] e quem podia terminar essa separação sem grande labor?

[9]Frank-Lothar Hossfeld e Erich Zenger, *Psalms 3: A Commentary on Psalms 101—150*, ed. Klaus Baltzer, trad. Linda M. Maloney, Hermeneia 19C (Minneapolis, MN: Fortress Press, 2011), p. 513.

> Pois, quando os filhos eram colocados de um lado, ao verem os pais de outro, levantavam-se com grande energia e corriam para eles; as mães abraçavam seus outros filhos e lançavam-se ao chão com eles; eram espancadas sem piedade, mas não levavam em conta a dor da própria carne, tentando evitar que seus pequenos lhes fossem arrancados.[10]

Não temos o registro dos salmos compostos por essas mães, pais, filhos e filhas negros, mas temos os salmos dos sobreviventes de Israel.

Esses sobreviventes, ainda aturdidos pelos acontecimentos que haviam mudado sua vida para sempre, receberam uma ordem de seus conquistadores. Os babilônios queriam ouvir alguns cânticos de Jerusalém (Sl 137.3-5). Queriam que Israel se esquecesse de sua ira e lhes proporcionasse diversão. Aqui, deparamos com a guerra psicológica associada à guerra física. Além de os conquistadores tomarem suas terras, seus bens e até seu corpo, agora também exigiam suas emoções. Não queriam ver o impacto de seus crimes no rosto dos israelitas. Queriam que os cativos aceitassem sua situação de bom grado.

Também neste caso, somos lembrados das muitas maneiras, grandes e pequenas, pelas quais corpos e emoções negros eram tratados. Essa realidade foi expressa de modo incisivo nas palavras de Paul Laurence Dunbar em "Usamos a máscara":

> Usamos a máscara de fingida alegria,
> Que esconde a face e escurece os olhos;
> À dissimulação humana pagamos tributo:
> Com coração rasgado e sangrando, sorrimos.[11]

O negro que dança e ri, como que satisfeito com seu lugar de servo, era e continua a ser tema recorrente em obras de ficção, em peças publicitárias e em filmes.

Nessa ocasião, os israelitas recusaram a máscara; tinham chegado ao limite de sua sujeição. Mesmo derrotados, havia uma parte de seu interior

[10]Gomes Eanes de Azurara, *The Chronicle of the Discovery and Conquest of Guinea*, 2 vols. (London: Hakluyt Society, 1896-99), p. 80-81, citado em Willie James Jennings, *The Christian Imagination: Theology and the Origins of Race* (New Haven, CT: Yale, 2010), p. 27.
[11]Paul Laurence Dunbar, "We Wear the Mask", *Lyrics of Lowly Life* (New York: Dodd, Mead, and Company, 1896), p. 167.

que eles se recusavam a entregar. Essa recusa, inserida na tradição de Israel, dá espaço para a resistência negra. Podemos nos recusar a cantar. O salmo 137 lembra que é possível e até necessário para nossa sobrevivência dizer que não cantaremos e não dançaremos para nossos senhores. Antes, nos lembraremos do que foi feito contra nós. É dever dos sobreviventes lembrar.

O salmo 137 é mais que uma recordação pessoal de um povo oprimido. É uma súplica para que Deus lembre. Fala de acerto de contas:

> Ó SENHOR, lembra-te do que os edomitas fizeram
> no dia em que Jerusalém foi conquistada.
> Disseram: "Destruam-na!
> Arrasem-na até o chão!".
> Ó Babilônia, você será destruída;
> feliz é aquele que lhe retribuir
> por tudo que fez contra nós.
> Feliz aquele que pegar suas crianças
> e as esmagar contra a rocha.
>
> Salmos 137.7-9

Dois grupos são lembrados aqui. Aqueles que oprimiram Israel (os babilônios) e aqueles que se alegraram com a queda de Israel (os edomitas). Mas que tipo de pessoa de fé pediria que a cabeça de bebês fosse esmagada contra rochas? E de que maneira podemos entender esses textos como expressões significativamente cristãs? Em resposta, pergunto: Que tipo de oração você esperaria que os israelitas fizessem depois de ver seus filhos serem mortos e suas famílias, destruídas? Que palavras de vingança permaneceram no coração das mulheres e dos homens negros escravizados quando se viram à mercê das paixões de seus captores?

O salmo 137 não é apenas um grito de oposição. É uma oração dirigida a Deus. Comunidades traumatizadas precisam ter condições de expressar seus sentimentos para Deus de forma autêntica. Temos de confiar que Deus é capaz de lidar com essas emoções. Deus pode ouvir nossos clamores por vingança e, como soberano sobre a história, cabe a ele escolher como responderá. O salmo 137 não transfere o poder de Deus para nós. É um reconhecimento do poder dele em meio a dor profunda e distanciamento.

O fato de o salmo 137 ter se tornado parte do cânone bíblico mostra que o sofrimento dos traumatizados faz parte do registro permanente. Deus queria que Israel e nós soubéssemos o que o pecado humano havia feito aos vulneráveis. Ao registrar essas palavras nos textos sagrados de Israel, Deus transformou o problema deles em problema nosso. O salmo 137 pede à comunidade reunida para que se certifique de que esse tipo de trauma jamais se repita.

Que recursos teológicos o salmo 137 fornece para a fúria e a dor dos negros? Ele nos dá permissão de lembrar e sentir. Permite que apresentemos a Deus nossas mais profundas experiências. O salmo 137 torna o sofrimento dos traumatizados uma realidade conjunta que se move conosco ao longo da história.[12]

Com base nos exemplos do salmo 137, argumento que, como parte do processo de cura, os cristãos negros podem e devem articular para Deus e para outros o que aconteceu conosco. Precisamos dizer a verdade. Como aconteceu com os leitores israelitas posteriores do salmo 137, a dor do passado negro precisa ser transmitida e lembrada como testemunho daquilo que o pecado pode fazer e faz com os desamparados. O começo da resposta para a ira negra consiste em reconhecer que Deus ouve e vê nossa dor. Isso significa que uma criança do ensino fundamental que deparar pela primeira vez com trauma racial terá pelo menos um lugar para colocar seu sofrimento: ele será elevado ao céu em oração. Mais que isso, não precisará carregar sozinha esse sofrimento, pois ele está envolto na esperança mais ampla de justiça da comunidade. Temos mais a dizer?

Uma visão mais ampla: a caminho de uma solução para a fúria de Israel

Se encerrarmos a discussão sobre a fúria de Israel e a fúria negra apenas com uma súplica por ação divina, não seremos fiéis a tudo o que a Bíblia diz. Por vezes, temos de lamentar a injustiça e pedir que Deus a corrija. É certo e bom, mas a palavra de Deus vai além de: "'Minha é a vingança', diz o Senhor". O milagre das Escrituras de Israel não é que há súplicas para que Deus retribua a seus inimigos em plena medida. Isso faz parte

[12]Não sou o primeiro a associar o salmo 137 com o sofrimento dos negros. Veja Frederick Douglass, "What to a Slave Is the Fourth of July", discurso, 5 de jul. de 1852, Rochester, New York, <http://masshumanities.org/files/programs/douglass/speech_complete.pdf>.

da existência humana. O milagre do testemunho de Israel é que o Antigo Testamento foi capaz de imaginar algo *além da vingança de sangue.*

Tenho em mente os profetas bíblicos cujos escritos foram dirigidos àqueles que estavam no exílio. Eram descendentes daqueles que haviam passado pelo trauma de ser arrancados de seus lares e de ver a destruição de grande parte do que amavam. Esses profetas exortaram os cativos a esperar por mais que a destruição de seus inimigos e a salvação de Israel. De modo espantoso, eles têm expectativa de salvação daqueles que outrora haviam sido seus inimigos:

> Você fará mais que restaurar o povo de Israel para mim;
> eu o farei luz para os gentios,
> e você levará minha salvação aos confins da terra.
>
> Isaías 49.6[13]

Passagens como essa se tornaram tão banalizadas que o imenso desafio que elas propõem a Israel talvez passe despercebido se não as lermos enquanto o salmo 137 ainda está tinindo em nossos ouvidos. Textos como o salmo 137 falam da ira que sentimos justificadamente por causa das injustiças cometidas contra nós. No entanto, esses textos proféticos nos chamam a realizar o trabalho custoso e doloroso de imaginar um mundo além de nossas mágoas. Não se trata de descartar a injustiça, mas de falar do que acontece depois. E o que acontece depois importa para que nosso futuro como afro-americanos não consista em tomar o lugar de nossos opressores e fazer o mesmo que fizeram contra nós.

Isaías 2.2-5 e passagens semelhantes divisam um profundo perdão que não é fácil de imaginar dentro do mundo narrativo de Isaías, pois ele também antevê a destruição da Babilônia. Observamos tensão nesse livro profético. Deus deve ser justo e deve julgar o pecado. Mas também é preciso haver algo mais. Os trechos mais repletos de esperança na narrativa de Isaías ocorrem em suas descrições do Filho vindouro de Davi.

Quando Isaías passa a descrever o Rei, tudo se encaixa (Is 11.1-10). Encontramos a sabedoria de Deus, a aplicação de justiça e até o fim da hostilidade entre animais e seres humanos. Guerra e morte deparam com um inimigo mais poderoso: o Rei. E, o que é mais importante, as nações do

[13] Veja também Zacarias 8.20-23; Isaías 2.2-5.

mundo começam a seu reunir em torno desse Rei. O que leva os partidos conflitantes do mundo a se aliar não é o surgimento de uma nova filosofia de governo; não é capitalismo de livre mercado, nem comunismo, socialismo ou democracia. É uma pessoa: o descendente de Jessé. Portanto, Isaías chama o povo negro, em meio a sua dor, a começar a vislumbrar um mundo não definido por nossa ira. A Bíblia nos chama a desenvolver imaginação teológica dentro da qual possamos ver o mundo como uma comunidade, e não um conjunto de hostilidades. A imaginação teológica cumpre esse papel ao nos dar a visão de uma pessoa capaz de curar nossas feridas e desarmar nossas hostilidades.

A cruz quebra a roda

É possível ler o Antigo Testamento e privilegiar passagens como o salmo 137 em detrimento de Isaías 11.1-10. É possível pular a parte central do Novo Testamento e ir direto para o Apocalipse de João, em que os inimigos do povo de Deus são submetidos a julgamento por fogo. O conceito de juízo divino da perversidade não se limita ao Antigo Testamento. O Jesus manso e meigo da imaginação popular é criação da classe média que vive em conforto. Os oprimidos conhecem Jesus como o cavaleiro montado no cavalo branco, como aquele que veste um manto encharcado do sangue de seus inimigos (Ap 19.11-14). Mas se há um milagre (com frequência criticado) no cristianismo negro, é que fomos profundamente influenciados pelos temas de perdão e de comunidade multiétnica que enchem as páginas do Novo Testamento. Encontramos o caminho até esses temas por meio da cruz.

Quero ser bastante claro. A cruz de Jesus Cristo não é uma defesa intelectual que permite aos cristãos negros dizer que agora entendemos o chicote e as cadeias dentro do escopo mais amplo dos propósitos de Deus. Não cremos que nossa escravidão tenha sido permitida para a salvação de nosso país. Não nos apegamos a uma aplicação equivocada e distorcida da história de José (Gn 50.19-21). Não. O que aconteceu aos escravizados e a seus descendentes em nosso país foi e continua a ser um mal não consumado. Mas como Deus responde a nossos clamores?

Não responde com uma série de silogismos baseados em livre-arbítrio ou na majestade da soberania divina. Em outras palavras, Deus não diz para nós que, pelo fato de haver livre-arbítrio, alguns abusarão dessa liberdade e farão coisas terríveis, como escravizar outros. Essa pode ser uma defesa intelectual da tradição cristã para explicar o mal, mas, historicamente, não é o modo como nós cristãos negros processamos nossa opressão. Na maioria das vezes, Deus também não nos respondeu como respondeu a Jó, apenas ao revelar sua glória soberana e calar nossas perguntas. Deus, em sua misericórdia, tem permitido que continuemos a expressar nossas queixas.

Depois da paixão e da ressurreição, a ira e o sofrimento dos negros são respondidos de forma pessoal por Aquele que é verdadeiramente humano. Encontramos consolo no fato de Deus responder ao sofrimento negro com um ato profundo de identificação com nossa dor. Refiro-me a Jesus, a uma identificação com a condição humana que nos constrange:

> Que, existindo em forma de Deus, não considerou que ser igual a Deus fosse algo a que se apegar, mas esvaziou a si mesmo, assumindo forma de escravo, em semelhança da humanidade. E, sendo encontrado em forma de ser humano, humilhou-se, tornando-se obediente até a morte, e morte na cruz.
>
> Filipenses 2.6-8, tradução nossa

Qual é a primeira resposta de Deus para o sofrimento dos negros (e para o sofrimento humano de modo mais amplo, bem como para a ira que o acompanha)? É entrar nesse sofrimento junto conosco como amigo e redentor. A resposta para a fúria negra consiste nas palavras tranquilizadoras da Palavra que se fez carne. A encarnação que desceu até nós, até à morte, é suficiente para dizermos: "Sim, Deus, confiamos em ti".

Decidimos confiar em Deus porque ele sabe o que significa estar à mercê de um Estado corrupto que ignora direitos humanos. Roma e o sul dos Estados Unidos antes da Guerra Civil podem não ser gêmeos, mas com certeza são parentes próximos, talvez até irmãos por parte de pai. Na cruz, encontramos um Deus que experimentou injustiça na carne. A cruz, vista de determinado ângulo, mostra que Deus em Cristo conhece e entende a terrível situação dos sofredores inocentes do mundo.

Todavia, o que toca e cativa o coração dos cristãos negros não é apenas o fato de que Cristo era inocente das acusações feitas contra ele. Se essa fosse a mensagem completa da cruz, Jesus seria apenas mais um em uma longa série de mártires. Jesus se destaca porque é verdadeiramente o sofredor inocente que não havia feito nada de errado.

Não somos senhores de escravos. Ainda assim, em grande ou pequena medida, participamos do mal feito a outros. Também fazemos mal a nós mesmos e nos rebelamos contra nosso Criador. A análise da condição humana foi concluída e os resultados são claros: todos somos pecadores. Jesus não é. A tradição cristã diz que o inocente sofreu por nós como indivíduos e comunidade para nos levar a Deus (Gl 2.20; Rm 4.25). O ato profundo de misericórdia nos dá subsídios para perdoar. Perdoamos porque fomos perdoados. Somente ao olhar para nossos inimigos pela lente da cruz podemos começar a imaginar o perdão necessário para a comunidade. O que nós cristãos negros fazemos com a fúria que sentimos justificadamente? Nós a colocamos na cruz de Cristo.

Justo González, em sua importante obra *Mañana*, argumenta de modo convincente a favor da necessidade de os Estados Unidos assumirem o que fizeram ao México. Com essa asserção, não torna o México inteiramente inocente. Antes, cita o provérbio: "Ladrão que rouba ladrão tem cem anos de perdão".[14] González não faz uma equivalência moral entre todos os atos de perversidade, nem afirma que é inapropriado procurar corrigir injustiças. Antes, diz que se sondarmos profundamente o passado coletivo e pessoal de qualquer povo, encontraremos injustiça. Na teologia cristã, essa realidade é expressa nas palavras de Paulo: "Pois todos pecaram e não alcançam o padrão da glória de Deus" (Rm 3.23). Somente ao me lembrar de que o perdão de Deus lhe custou algo encontro poder divinamente concedido para pagar o preço do perdão em vez de buscar vingança. A espada chama a espada, mas a cruz quebra a roda.

A asserção de que a cruz quebra a roda e de que o perdão custoso é possível não é exclusiva do contexto afro-americano; também é a história do Israel do primeiro século. A possibilidade de perdão e o chamado de Jesus para acabar com a fúria não podem ser separados das particularidades da ocupação romana da Judeia. Jesus veio a um mundo em que seus compatriotas judeus tinham motivos de sobra para se irar com Roma. Israel era uma nação sob domínio colonial, que sofria exploração, tendo de pagar impostos exorbitantes e se sujeitar aos ultrajes do Império. Os israelitas que ainda tinham esperança de um Messias muitas vezes estavam à procura de alguém que derrotasse

[14]Justo L. GONZÁLEZ, *Mañana: Christian Theology from a Hispanic Perspective* (Nashville, NT: Abingdon Press, 1990), p. 32.

seus inimigos.[15] O salmo de Zacarias, no início do Evangelho de Lucas, não prenunciou uma paixão para o Messias, mas, sim, sua vitória (Lc 1.71-79). João Batista ficou tão perplexo diante do ministério de Jesus que se perguntou se Jesus era o Messias ou se ele devia esperar por outro (Lc 7.19). Ainda assim, os primeiros cristãos judeus, que tinham toda a munição histórica necessária para procurar destruir seus opressores gentios, lançaram-se na missão de converter um mundo romano majoritariamente hostil.

Esse chamado para transformar a fúria em amor e perdão pode ser mal interpretado. Pode ser visto como um meio de justificar a continuidade do abuso e aquiescer aos maus-tratos. Há dois motivos pelos quais é inapropriado cristãos aceitarem abuso voluntariamente. Primeiro, a ênfase teológica da Bíblia é voltada para a *libertação*. O êxodo fala de libertação da escravidão, e o Novo Testamento fala em várias partes de sermos libertos do pecado. Não é da vontade de Deus que seu povo permaneça debaixo de servidão para sempre. Portanto, é apropriado para aqueles que sofrem injustamente perdoar seus inimigos à distância, se necessário. Não precisamos permanecer próximos. Segundo, o Novo Testamento também exorta os cristãos a socorrer os aflitos. Tiago diz: "A religião pura e verdadeira aos olhos de Deus, o Pai, é esta: cuidar dos órfãos e das viúvas em suas dificuldades e não se deixar corromper pelo mundo" (Tg 1.27). Como podemos oferecer aos que sofrem abuso qualquer coisa aquém do fim de seu sofrimento quando temos o poder de concedê-lo? Tiago não instrui: "Digam aos órfãos e às viúvas que suportem o sofrimento". Exorta os cristãos: "Ajudem essas pessoas!". Portanto, entender a necessidade de perdoar não significa que devemos permitir que o sofrimento prossiga por tempo indeterminado quando temos recursos para tomar uma providência.

A ressurreição e o juízo final como acréscimos necessários

Seria desonesto dizer que o caminho descrito acima sempre nos satisfaz emocionalmente. Há ocasiões em que olho para o sofrimento presente e

[15]Quanto à diversidade de expectativas messiânicas, veja Esau McCaulley, *Sharing in the Son's Inheritance* (London: T&T Clark, 2019), p. 1-46; Matthew V. Novenson, *The Grammar of Messianism: An Ancient Jewish Political Idiom and Its Users* (Oxford, UK: Oxford University Press, 2017), p. 1-33.

passado de meu povo e me sinto mais próximo do salmo 137 que de Lucas 23.34 ("Pai, perdoa-lhes"). Não há nada de errado com isso, pois ainda não estou plenamente conformado à semelhança de Cristo, e há motivo para o salmo 137 fazer parte do cânone. Enquanto aguardamos a segunda vinda, continuará a haver Babilônias. E, enquanto houver uma Babilônia, os oprimidos chorarão junto a seus salgueiros.

Ainda assim, é exatamente quando a atração da cruz parece mais fraca que tenho de envidar esforços para fazer a mim mesmo as perguntas de maior importância. O cristianismo é uma hipótese ou um método para abordar o mundo? O Messias nos deu uma filosofia como fez Sócrates ou o *rapper* Nas? Se o cristianismo é apenas um método, uma forma de abordar a realidade, é bastante inadequado. Mas, se Cristo ressuscitou e esmagou debaixo de seus pés cada uma das mortes, o mundo é um lugar diferente mesmo quando não o percebo dessa forma. Paulo articula essa realidade perfeitamente:

> Pois bem, se proclamamos que Cristo ressuscitou dos mortos, por que alguns de vocês afirmam não haver ressurreição dos mortos? Pois, se não existe ressurreição dos mortos, Cristo não ressuscitou. E, se Cristo não ressuscitou, nossa pregação é inútil, e a fé que vocês têm também é inútil. Então estamos todos mentindo a respeito de Deus, pois afirmamos que ele ressuscitou a Cristo. Mas, se não existe ressurreição dos mortos, isso não pode ser verdade. E, se não existe ressurreição dos mortos, então Cristo também não ressuscitou. E, se Cristo não ressuscitou, a fé que vocês têm é inútil, e vocês ainda estão em seus pecados. Nesse caso, todos que adormeceram crendo em Cristo estão perdidos! Se nossa esperança em Cristo vale apenas para esta vida, somos os mais dignos de pena em todo o mundo.
>
> 1Coríntios 15.12-19

Sem a ressurreição, o perdão inerente à cruz é o sonho anelante de um tolo piedoso. Tenho convicção, porém, de que o Messias derrotou a morte. Posso perdoar meus inimigos porque creio que a ressurreição ocorreu. Estou convencido de que o Deus que tinha poder para me condenar não o fez. Em vez disso, convidou-me a ter comunhão com seu Filho e, por meio dessa união com o Messias, encontro recursos para amar que antes eu não tinha. Mesmo quando a ira triunfa em meu coração, ela nunca derrota Deus.

A fé na ressurreição exige que creiamos que nada é impossível. Se a morte cede ao poder de Deus, o mesmo acontece com meu ódio. Mais que isso, a ressurreição é a vitória final de todas as esperanças e sonhos negros. Se a ira negra nasce da desconsideração pelos negros e da recusa em nos ver como pessoas, nós ressuscitados de pele escura somos a confirmação final de Deus da realidade de nosso valor. Quando Deus finalmente ressuscita os mortos, ele os ressuscita com sua identidade étnica intacta (Ap 7.9).

E, no entanto, o cristianismo ensina que todos terão de prestar contas de suas ações. O juízo final é fonte de consolo apavorante. O Apocalipse de João descreve uma cena em que os santos martirizados perguntam: "Ó Soberano Senhor, santo e verdadeiro, quanto tempo passará até que julgues os habitantes da terra e vingues nosso sangue?" (Ap 6.10). João não diz: "Não haverá acerto de contas". Antes, diz que ainda não é chegada a hora. Mais adiante, João fala do fim, em que a Babilônia é julgada em razão de suas perversidades (Ap 18.21-24). Deus julgará o mal. Os pecados cometidos contra nós importam. Esse fato é apavorante (tenho dificuldade de almejar essa situação até mesmo para meus inimigos) e consolador (pois o pecado é julgado). O terrível poder divino de julgar cria em mim o desejo de que todos se valham da oferta de perdão de Deus. A escatologia cristã produz compaixão. Depois de muitos anos de caminhada cristã, ainda sinto ira, mas a cruz e a realidade do poder de Deus me transformaram. Quero que o opressor se arrependa e encontre cura. Quero que também seja liberto. Minha fúria, portanto, tem nuanças de compaixão, presentes ao fundo mesmo nos momentos de indignação mais intensa.

Conclusão

É difícil para os cristãos afro-americanos sondar a história do cristianismo e não ser fortemente abalados. O protesto negro secular contra a religião que nasceu em resposta às injustiças cometidas pela igreja ao longo da história contra os afro-americanos é um dos desdobramentos mais compreensíveis da história ocidental. Se aqueles que protestam dessa forma estão equivocados (como é o caso), seu equívoco é fruto de dor considerável. Também me frustro com o uso que fizeram das Escrituras para justificar os ataques contínuos ao corpo e à alma dos negros. Se chegamos a conclusões diferentes acerca desse problema, não é porque os cristãos negros negam o passado. É apenas porque encontramos, dentro do que a Bíblia diz, soluções diferentes para o sofrimento e a ira dos negros. Não vemos motivo de crítica no amplo cerne da magnífica tradição cristã. Lamentamos sua distorção por outros e o fato de não termos vivido à altura das verdades que consideramos preciosas. Ainda assim, não temos vergonha de encontrar esperança e perdão por meio da cruz de Cristo. No fim das contas, recorremos ao sangue de Jesus e confiamos nele.

7

A liberdade dos escravos

O triunfo de Pennington

Você fala de vender um ser humano? É como falar de vender imortalidade ou raios de sol.

LEONARD BLACK

Então o SENHOR lhe disse: "Por certo, tenho visto a opressão do meu povo no Egito. Tenho ouvido seu clamor por causa de seus capatazes. Sei bem quanto eles têm sofrido. Por isso, desci para libertá-los".

ÊXODO 3.7-8

Lembro-me do orgulho que senti quando contei para minha mãe que tinha lido a Bíblia inteira, de capa a capa. No início das férias, ela havia comprado para mim uma versão das Escrituras na forma de histórias em quadrinhos que trazia os períodos mais importantes do relato bíblico de Gênesis a Apocalipse. Devo ter lido as Cartas Pastorais, mas elas não exerceram impacto sobre mim. Minha imaginação foi cativada pelo Deus do êxodo, que chamou seu povo da escravidão para a liberdade. Cresci ouvindo falar do Deus que olhava com indignação justa para o sofrimento de seus filhos de pele escura. Para mim, a Bíblia era fonte de esperança. No entanto, crescemos e mudamos. Como nós, o texto se torna cada vez mais complexo. Por fim, deparei com as palavras de Paulo aos escravos. O peso do legado de escravidão nos Estados Unidos veio com força total sobre minha imaginação.

> Os escravos devem ter todo o respeito por seus senhores, para não envergonharem o nome de Deus e seus ensinamentos. O fato de o senhor ser irmão na fé

não é desculpa para deixarem de respeitá-lo. Pelo contrário, devem trabalhar ainda mais arduamente, pois seus esforços beneficiam outros irmãos amados.

1Timóteo 6.1-2

Nas mãos de senhores brancos de escravos, a Bíblia foi instrumento de opressão. Em minha primeira leitura de Paulo na vida adulta, perguntei-me se talvez eles tivessem razão. Essa passagem parece dizer a escravizados que se contentem com sua situação. Esse e outros textos eram usados exatamente dessa forma para justificar a escravidão nos Estados Unidos.[1]

Como devemos entender o legado de Paulo? Alguns afro-americanos simplesmente evitam Paulo. Contudo, a pergunta é insistente demais para ser colocada de lado. Cerca de 130 anos antes de eu nascer, o pastor e abolicionista negro James W. C. Pennington expressou em palavras nossa ansiedade:

> A Bíblia condena a escravidão, quaisquer que sejam as circunstâncias, ou não? Eu, pelo menos, desejo saber. Não vou esconder que meu arrependimento, minha fé, minha esperança, meu amor e minha perseverança, tudo, tudo, repito, tudo gira em torno dessa questão. Se estiver enganado nesse ponto, se a palavra de Deus sanciona a escravidão, quero outro livro, outro arrependimento, outra fé e outra esperança![2]

A questão, para Pennington, não era se este ou aquele versículo endossava a escravidão. Suas perguntas dizem respeito ao caráter de Deus. Se a Bíblia apoiava o sequestro de negros, o estupro de homens e mulheres negros, a separação de famílias, o chicote e as correntes, ele precisava de outro *livro* inteiro. Precisava de outra fé e de outra esperança. Em certo sentido, a questão por trás de todas as perguntas dos cristãos negros é esta: Era intenção de Deus que fôssemos livres? Nossas reflexões sobre a Bíblia e sobre cristãos negros devem terminar aqui, na origem de nossos problemas, na questão da Bíblia e da escravidão.

Perguntar sobre a escravidão como Pennington faz, tendo em conta a presença de 1Timóteo 6.1-3 no cânone, parece arriscado demais. Parece

[1] Allen Dwight CALLAHAN, *The Talking Book: African Americans and the Bible* (New Haven, CT: Yale University Press, 2006), p. 32.
[2] Citado em James CONE, *The Cross and the Lynching Tree* (Maryknoll, NY: Orbis, 2013), p. 27.

colocar em perigo a ressurreição. À primeira vista, coloca em risco a comunhão dos santos, a Eucaristia e a reunião de todas as nações e tribos. Pode parecer uma indagação temerária, mas temos de sondar essa questão. A Bíblia sanciona o que aconteceu com negros neste continente?

À primeira vista, a Bíblia não parece dizer tudo o que gostaríamos que ela dissesse. E, no entanto, essa é a parte fundamental: *a Bíblia diz mais que o suficiente*. A história do cristianismo não traz, a cada página, legislação contrária à escravidão. Ainda assim, a narrativa cristã, nossos princípios teológicos centrais e nossos imperativos éticos criam um mundo em que a escravidão se torna inimaginável. Quando a Bíblia é considerada como um todo, permanece como luz em um mundo escuro e corrompido. É culpa dos senhores de escravos que demoraram tanto para sair das trevas e entrar na luz. A fim de elaborar esse argumento, começarei destacando como os métodos interpretativos usados por Jesus nos permitem afirmar inequivocamente que nossa escravidão nunca fez parte dos planos de Deus. Em seguida, examinaremos alguns textos do Antigo e do Novo Testamento que nos permitirão imaginar um mundo em que Deus reina e em que não há mais escravidão.

Interpretação bíblica, escravidão e os propósitos de Deus

Perto do final do ministério de Jesus aqui na terra, quando ele se encaminhava para Jerusalém, viu-se em conflito incessante com seus adversários (Mt 16.21; Lc 24.25-27). Em uma ocasião, os fariseus lhe perguntaram sobre o divórcio, tema que parece não ter nenhuma ligação com a escravidão. Vale a pena citar a passagem na íntegra:

> Quando acabou de dizer essas coisas, Jesus saiu da Galileia e foi para a região da Judeia, no outro lado do Jordão. Grandes multidões o seguiam, e ele as curou ali.
>
> Alguns fariseus aproximaram-se dele para pô-lo à prova. E perguntaram-lhe: "É permitido ao homem divorciar-se de sua mulher por qualquer motivo?"
>
> Ele respondeu: "Vocês não leram que, no princípio, o Criador 'os fez homem e mulher' e disse: 'Por essa razão, o homem deixará pai e mãe e se unirá à sua mulher, e os dois se tornarão uma só carne'? Assim, eles já não são dois, mas sim uma só carne. Portanto, o que Deus uniu, ninguém separe".

> Perguntaram eles: "Então, por que Moisés mandou dar uma certidão de divórcio à mulher e mandá-la embora?"
>
> Jesus respondeu: "Moisés *permitiu* que vocês se divorciassem de suas mulheres por causa da dureza de coração de vocês. Mas *não foi assim desde o princípio*".
>
> Mateus 19.3-8 (NVI), grifo nosso

Os fariseus queriam que Jesus interpretasse Deuteronômio 24.1-4 e outras partes da Torá que tratavam da questão do divórcio. Não tinham a intenção de discutir a prática do divórcio, mas, sim, as circunstâncias de sua aplicação. Aqui, a questão do divórcio é semelhante à da escravidão como era tratada pelos senhores de escravos no sul antes da Guerra Civil. Eles afirmavam que as opções bíblicas eram escravidão boa em contraste com escravidão má. O problema não era a escravidão em si, que tinha forte corroboração bíblica, mas os excessos praticados por uns poucos.

Muitos estudiosos trataram do posicionamento aparentemente severo contra o divórcio que Jesus apresenta aqui. Não é disso que falarei. Meu enfoque recai sobre o raciocínio exegético que ele usa em sua argumentação. Não interage com Deuteronômio 24.1-4, o texto que seus adversários têm em mente. Em vez disso, volta a atenção para as palavras iniciais de Gênesis, para a *intenção* de Deus na Criação. Para Jesus, a questão não é o que a Torá *permite*, mas qual era a *intenção* de Deus.

Jesus afirmou que, antes da Queda, não havia divórcio e, portanto, não tínhamos sido criados para nos divorciar. O homem e a mulher haviam sido criados para desfrutar um ao outro para sempre. Os adversários de Jesus parecem ficar aturdidos com sua resposta. Por que, então, ter essas passagens sobre divórcio? Jesus diz que Moisés instituiu essas leis por causa da dureza do coração. Queria que seus ouvintes se lembrassem de que "não foi assim desde o princípio".

A argumentação de Jesus aqui indica que as normas para a ética cristã não são as passagens que fazem concessões em razão do pecado humano, como as leis de Moisés sobre o divórcio. O que importa é quem fomos criados para ser. Jesus mostra que nem todas as passagens da Torá apresentam o ideal para as interações humanas. Antes, algumas passagens aceitam a realidade do mundo corrompido e procuram limitar o mal que fazemos uns aos outros. Isso significa que, quando olhamos para as passagens do Antigo Testamento, temos de nos perguntar qual é seu propósito. Apresentam uma imagem daquilo que Deus quer de nós ou procuram limitar o estrago decorrente de um mundo decaído?

Paulo se pronuncia de maneira semelhante quando diz que a lei foi instituída em razão do pecado e que atuou como nosso guardião até que Cristo viesse (Gl 3.19-24). Isso não significa que a lei é ruim (Gl 3.21), e também não desconsidera o papel normativo desempenhado por ela na ética cristã. Mas significa que, por vezes, a lei serve para limitar o mal que fazemos uns aos outros.

Chegamos de imediato, portanto, à pergunta mais premente de todas. Quando voltamos o foco para o início de Gênesis e vemos o relato da Criação, há algum sinal de que fosse *intenção* de Deus que os descendentes de Adão e Eva se escravizassem uns aos outros, ou a escravidão é manifestação da Queda? Se a escravidão é resultado da Queda, é falsa a asserção de que faz parte da vontade de Deus. Também é falsa a asserção de que a Bíblia apresenta a escravidão como algo bom para os negros. A escravidão sempre é e sempre será envolta em pecado. Uma forma de enxergar esse fato é mudar o foco de Gênesis para Apocalipse. O que está presente na visão de Deus para a reconciliação de todas as coisas (Ap 21.3-4)? Uma comunidade de curados e transformados, e não de escravizados. Se a ética cristã diz respeito a viver o presente à luz do futuro vindouro, então a liberdade futura vindoura de todos tem de se tornar, em algum momento, realidade no corpo daqueles que outrora foram escravizados, cuja própria liberdade *física* é uma parábola encenada do evangelho.

Desejo argumentar que o Antigo Testamento e, posteriormente, o Novo Testamento concebem um mundo em que a escravidão se torna cada vez mais insustentável. Em outras palavras, Deus criou um povo capaz de desconstruir teologicamente a escravidão. São justas as queixas de que parece ter levado cerca de 1.800 anos para que um número expressivo de cristãos chegasse a essa conclusão. Temos de reconhecer, porém, que os cristãos começaram a elaborar uma forte argumentação contra a escravidão já no quarto século, de uma forma que se destacou dos não cristãos ao redor.[3] Mais interessante

[3]Tom HOLLAND, *Dominion: How the Christian Revolution Remade the World* (New York: Basic Books, 2019), p. 141-42; Stuart G. HALL, *Gregory of Nyssa: Homilies on Ecclesiastes: An English Version with Supporting Studies*, Minutas do Sétimo Colóquio Internacional sobre Gregório de Nissa (Berlin: De Gruyter, 1993), p. 177-84.

ainda é que nenhuma sociedade anterior às abolições do século 18 defendeu a ideia de que a escravidão em si era fundamentalmente imoral. O movimento amplamente difundido para abolir a escravidão é uma inovação cristã.

O Antigo Testamento e o caráter de Deus: mais uma proposta

Propus, acima, que Jesus fez uma distinção dentro da Torá entre passagens que articulam o propósito de Deus (relato da Criação) e passagens que limitam o impacto humano do pecado (leis sobre o divórcio). Quando Jesus fazia avaliações éticas, não tomava as concessões como ponto de partida para seu raciocínio. Trazia à memória de seus ouvintes os propósitos da Criação. Sugiro que uma lógica semelhante deva ser aplicada às leis do Antigo Testamento sobre a escravidão.

Agora, desejo tratar dessa questão por um ângulo ligeiramente distinto, a saber, a escravidão e o caráter de Deus. Aqui, sigo mais uma vez Pennington, que diz:

> Procura-se dar grande destaque ao fato de que homens em outras eras foram senhores de escravos. [...] No entanto, a questão não é influenciada por aquilo que a Bíblia registra apenas como relato histórico, mas somente por aquilo que ela revela como realidade que harmoniza ou não com a natureza moral de Deus, aquilo que é obediente ou rebelde diante de seu trono.[4]

Com efeito, ele diz: "O que a Bíblia revela a respeito do caráter de Deus? Ele parece ter prazer na escravidão?".

A narrativa do êxodo é categórica a esse respeito. Como Deus é? Ele é um Deus que ouve os sofrimentos de um povo escravizado e o liberta (Êx 3.7-10). Essa libertação se torna parte de seu currículo (Dt 7.8; Lv 11.45). Quando os israelitas oravam ao Senhor, dirigiam-se a um Deus cujo caráter era revelado em sua atividade libertadora. O caráter libertador de Deus devia ser refletido na atitude de Israel em relação aos estrangeiros (Dt 24.17). Há uma ligação teológica, portanto, entre a compaixão de Israel e o próprio caráter de Deus. Estamos tão acostumados com a narrativa veterotestamentária do êxodo que

[4]James W. C. Pennington, *A two years' absence, or, A farewell sermon, preached in the Fifth Congregational Church, Nov. 2, 1845* (Hartford, CT: H. T. Wells, 1845).

a história perdeu seu poder. Fomos instruídos na exegese dos senhores de escravos, em que limites impostos sobre o pecado se transformaram no ideal e em que as histórias foram despojadas de sua força.

Os cristãos negros escravizados sabiam. Nenhum malabarismo exegético podia convencê-los de que o Deus que havia libertado os israelitas não se importava com as pessoas escravizadas em nosso país:

> Tia Jane costumava nos dizer, ainda, que os filhos de Israel viviam em servidão no Egito, e que Deus os libertou do Egito; e ela dizia que ele também nos libertaria. Costumávamos cantar este hino:
>
> "Deus livrou Daniel da cova dos leões,
> Jonas do ventre do grande peixe,
> Os três jovens hebreus da fornalha ardente,
> E por que não a mim também?".[5]

Os escravizados leram (ou ouviram) nos textos bíblicos sobre um Deus que tinha grande prazer em libertar, e isso lhes deu esperança. As passagens sobre escravos não deixaram de existir; elas simplesmente não podiam ser usadas para desfazer o testemunho do êxodo. Quando eles se voltavam para os textos bíblicos, não viam o Senhor se descrever como o Deus que escraviza pessoas e permite que sua nação escolhida escravize outros. Antes, viam nos relatos de Daniel, Moisés e Jonas um Deus muito diferente daquele descrito pelos senhores de escravos.

Os detalhes são essenciais? Alguns textos do Antigo Testamento sobre escravidão

A tradição exegética negra estava certa. O caráter de Deus é contrário à escravidão. Mas será que vemos exemplos da distinção feita por Jesus entre textos que articulam a intenção de Deus e textos que limitam o pecado? A Torá procura (em algumas passagens) limitar o estrago causado pelo pecado da escravidão? A única maneira de responder a essa pergunta é

[5]Octavia V. Rogers Albert, *The house of bondage or Charlotte Brooks and other slaves original and life-like, as they appeared in their old plantation and city slave life; together with pen-pictures of the peculiar institution, with sights and insights into their new relations as freedmen, freemen, and citizens* (New York: Hunt and Eaton, 1890), p. 31.

observar textos, metáforas e narrativas do Antigo Testamento que tratam da escravidão. No mundo bíblico, a escravidão era a norma, e a Bíblia reflete esse fato.[6] Ainda assim, é essencial mostrar em linhas gerais algumas das maneiras pelas quais o Antigo Testamento aborda essa realidade.

Cabe aqui uma importante ressalva. Não estou dizendo que a Bíblia mostra uma "escravidão boa" e, depois, a contrasta com a "escravidão má" do tráfico de escravos em nosso continente. Não estou dizendo que a escravidão na Bíblia era diferente do tráfico de escravos em nosso continente e que, *por esse motivo*, o relato bíblico perde seu caráter incisivo. Logo, não vou apresentar as diferenças entre a escravidão no antigo Oriente Próximo e a escravidão comercial americana. Essas informações estão prontamente disponíveis.[7] Antes, pergunto-me se a Bíblia nos permite ter esperança de que a intenção de Deus é que todos sejam livres. A meu ver, a resposta é sim, por três motivos dos quais tratarei: (1) a prática de alforriar escravos hebreus; (2) algumas regras a respeito de maus-tratos a escravos; e (3) o santuário dado a escravos fugidos.

Em Israel, nenhum escravo hebreu podia permanecer em servidão por mais de seis anos, e quando o escravo era liberto ele devia receber recursos para começar uma nova vida:

> Se um irmão hebreu, homem ou mulher, vender-se a você como escravo, ele lhe servirá por seis anos. Depois disso, liberte-o no sétimo ano. Quando libertar um escravo, não o mande embora de mãos vazias. Seja generoso e dê-lhe de despedida um presente dos animais de seu rebanho, dos cereais de sua eira e do vinho de sua prensa de uvas. Compartilhe com ele um pouco da fartura com a qual o SENHOR, seu Deus, o abençoou. Lembre-se de que, um dia, você foi escravo na terra do Egito e o SENHOR, seu Deus, o libertou. Por isso lhe dou essa ordem.
>
> Deuteronômio 15.12-15

[6] PENNINGTON, *A two years' absence*, p. 23.

[7] Para uma discussão mais detalhada sobre a escravidão no antigo Oriente Próximo, veja S. S. BARTCHY, "Slavery", in *The International Standard Bible Encyclopedia (Revised)*, ed. Geoffery W. Bromiley, conforme edição eletrônica, versão 1.2 (Grand Rapids, MI: Eerdmans, 1979), p. 539-47; G. H. HAAS, "Slave, Slavery", in *Dictionary of Old Testament: Pentateuch*, ed. T. Desmond Alexander e David W. Baker (Downers Grove, IL: InterVarsity Press, 2003).

O estudioso da Bíblia hebraica Jacob Milgrom diz que essa passagem corresponde "praticamente à abolição da prática estabelecida da escravidão".[8] Não há lei que chegue perto dessa abrangência ou generosidade no antigo Oriente Próximo.[9]

A tônica não é simplesmente a compaixão. A alforria era arraigada em uma exortação específica para imitar o que Deus havia feito por Israel. O estudioso da Bíblia Peter Craigie diz: "Deviam se lembrar de que, quando tinham sido escravos, Deus os havia amado, libertado e tratado com generosidade, como filhos de Deus".[10]

Quem dera o relato da escravidão terminasse aí, mas a promessa de libertação não se estendia a estrangeiros escravizados (Lv 25.39-46). Acaso isso representa uma forma implícita de racismo que deixa espaço para escravizar estrangeiros, pois não são considerados plenamente humanos?

A negação da humanidade negra sustentou o tráfico de escravos em nosso continente. James Henry Hammond, senador do estado da Carolina do Sul, disse o seguinte em um discurso diante do senado em 1858:

> Em todos os sistemas sociais, é necessário haver uma classe que cumpra os deveres servis, que realize o trabalho enfadonho da vida. [...] Felizmente para o sul, ele encontrou à mão uma raça adaptada para esse propósito. Uma raça inferior à sua, mas notavelmente qualificada quanto a índole, vigor, docilidade e capacidade de suportar as condições do clima, para atender a todos os seus propósitos.[11]

[8] Jacob Milgrom, *Leviticus 23—27*, Anchor Bible 3b (New York: Doubleday, 2001), p. 2214.
[9] Idem, p. 2214.
[10] Peter C. Craigie, *The Book of Deuteronomy*, NICOT (Grand Rapids, MI: Eerdmans, 1976), p. 239. Veja também Mark Rooker, que diz: "A conotação negativa da servidão dos israelitas fica clara na advertência para que o tempo de escravidão não seja caracterizado por severidade (25.43,46,53), o que pode indicar a existência de algo intrinsicamente incongruente na prática da escravidão". Mark F. Rooker, *Leviticus*, ed. E. Ray Clendenen e Kenneth A. Mathew, NAC 3a (Nashville: Broadman & Holman Publishers, 2000), p. 310.
[11] Veja também Albert Beverage ao justificar a anexação das Filipinas pelos Estados Unidos: "Não abandonaremos nossa parte na missão da raça que, debaixo de Deus, é fideicomissária do mundo. [...] Ele nos fez senhores e organizadores do mundo, para impor ordem quando reina o caos". Larry G. Murphy, "Evil and Sin in African American Theology", in *The Oxford Handbook of African American Theology*, ed. Katie G. Cannon e Anthony B. Pinn (Oxford, UK: Oxford University Press, 2014), p. 212-27.

Suas palavras são importantes, pois a escravidão em nosso país não era arraigada em uma leitura imparcial dos textos bíblicos. Antes, a Bíblia era interpretada à luz de uma antropologia nascida de racismo, lascívia e cobiça ostensivos.

Por que as leis do Jubileu não se aplicavam a escravos estrangeiros? Quando Deus resgatou Israel da escravidão, os israelitas se tornaram seu povo e, por isso, nenhum membro desse povo podia ser sujeitado à servidão contra sua vontade e em caráter permanente. Ele também havia prometido a seu povo a terra de Israel. Mesmo quando a pobreza os obrigava a se entregar à escravidão, restava uma esperança de reconstrução. O Jubileu existia para garantir essa realidade.[12]

Embora os estrangeiros não participassem do Jubileu, tinham outras fontes de esperança. Uma delas era a visão escatológica de paz e instrução descrita nos Profetas. Havia duas principais causas para a escravidão no antigo Oriente Próximo: endividamento e guerra.[13] Contudo, o reino escatológico vindouro de Deus prenunciado em Isaías vê fartura material e o fim das guerras (Is 2.2-4; 25.6). O fim dos conflitos armados e o fim da escassez implicam o fim da escravidão, pois ela é decorrente de carestia e violência.

Os profetas anteveem mais que o fim das guerras. Anteveem a propagação da lei aos gentios. Isaías 2.3 diz:

> Gente de muitas nações virá e dirá:
> "Venham, vamos subir ao monte do SENHOR,
> à casa do Deus de Jacó.
> Ali ele nos ensinará seus caminhos,
> e neles andaremos".
> Pois a lei do SENHOR sairá de Sião;
> sua palavra virá de Jerusalém.

A lei que sairá de Sião (Jerusalém) é associada à vocação de Israel. Quando Deus prometeu abençoar Israel, foi com o propósito específico de abençoar o mundo. A ideia era que as nações ao redor de Israel vissem as coisas maravilhosas que Deus estava fazendo pelos israelitas e resolvessem imitá-los.

[12]MILGROM, *Leviticus 23—27*, p. 22-31.
[13]HAAS, "Slave, Slavery".

Por isso, iriam a Israel e aprenderiam os caminhos de Deus. Quando levamos essa passagem a sério vemos que, se o plano era que as nações adotassem a Torá, a escravidão permanente seria, com efeito, eliminada (em razão da lei de alforria após seis anos) em todas essas nações e haveria um lugar de refúgio cada vez mais amplo para os escravizados.[14] Ao refletirmos sobre as leis de alforria, a ideia de que a justiça se Deus se tornará "luz para as nações" adquire relevância concreta (Is 51.4). O propósito de Israel era mostrar que havia uma forma melhor de organizar as sociedades e, ao fazê-lo, influenciar de modo positivo as nações ao redor. Em outras palavras, a visão para a liberdade dos israelitas escravizados e as leis que governavam essa liberdade deveriam ter servido de testemunho.

Essa era a única esperança dos estrangeiros escravizados? Não. As leis sobre a escravidão em Israel davam testemunho da visão de Deus de um mundo sem escravos de outras duas maneiras. A primeira era a regra para os escravos fugidos, e a segunda a provisão de certa proteção para pessoas escravizadas. Abordaremos sucintamente as regras para os escravos fugidos e, em seguida, veremos uma série importante de passagens em Êxodo sobre o tratamento que indivíduos escravizados deviam receber.

> Se escravos fugirem e se refugiarem com vocês, não os devolvam a seus senhores. Permitam que eles vivam em seu meio em qualquer cidade que escolherem, e não os oprimam.
>
> Deuteronômio 23.15-16

Essa é mais uma lei sem precedentes no antigo Oriente Próximo e no mundo greco-romano do tempo de Jesus.[15] Teoricamente, indivíduos escravizados fora de Israel podiam considerar Israel um refúgio.[16] Da forma que o texto está escrito, também parece permitir a mudança de uma parte para outra da terra de Israel para fugir da escravidão. Portanto, embora a lei permitisse que israelitas tivessem escravos estrangeiros, não ordenava

[14] Veja a discussão sobre escravos fugidos, abaixo.

[15] Duane L. Christensen, *Deuteronomy 21:10—34:12*, WBC 6B (Grand Rapids, MI: Zondervan, 2002), p. 549, diz: "Essa ordem é contrária a todos os códigos legais conhecidos do antigo Oriente Próximo, que proibiam dar asilo a escravos fugidos".

[16] "A escolha dada ao escravo de residir em qualquer uma das cidades de Israel mostra um grau considerável de liberdade pessoal." Ronald E. Clements, "The Book of Deuteronomy", in *Numbers—2 Samuel*, NIB 2 (Nashville, TN: Abingdon Press, 1998), p. 462.

que *nenhum escravo* permanecesse nessa condição se pudesse escapar. Em outras palavras, o êxodo continuava presente ao fundo. Não conheço nenhuma outra cultura que dissesse, com efeito, aos escravos: "Se conseguirem se libertar, receberão ajuda".

Até aqui, mostrei que o caráter de Deus revelado na narrativa do êxodo e a compaixão que ele devia inspirar nos fornecem as ferramentas de imaginação para que pensemos teologicamente em um mundo sem escravidão. Em seguida, afirmei que as leis hebraicas de alforria eram ligadas à promessa da terra e permitiam que todos os israelitas mantivessem uma porção dessa herança. Por fim, propus que o fato de as leis do Jubileu se limitarem aos israelitas nos parece severo, mas que não era arraigado nas mesmas distinções antropológicas que apoiavam o tráfico de escravos em nosso continente. Além disso, propus que a visão de uma aplicação universal da lei entre as nações acarretaria abolição universal. Ademais, ao contrário de praticamente todas as outras culturas daquela época, a Torá prometia liberdade a indivíduos escravizados que conseguissem escapar de seus senhores.

O último elemento de nossa discussão sobre o Antigo Testamento focalizará a forma como os escravos deviam ser tratados. Êxodo 21.20-21 é assim traduzido na NVI:

> Se alguém ferir seu escravo ou escrava com um pedaço de pau e como resultado o escravo morrer, será punido; mas, se o escravo sobreviver um ou dois dias, não será punido, visto que é sua propriedade.

Essa passagem parece tratar a morte de uma pessoa escravizada como algo semelhante a uma infração a ser penalizada com multa.[17] A maioria das versões da Bíblia apresenta a mesma ideia.[18]

Muitos estudiosos observaram, porém, que a palavra traduzida por "punido" em geral não significa apenas aplicar um castigo. Significa "vingar".[19] Essa passagem mostra que o Antigo Testamento não via a pessoa

[17] Veja a discussão em William H. C. Propp, *Exodus 19—40: A New Translation with Introduction and Commentary*, Anchor Bible (New York: Doubleday, 2006), p. 219.

[18] Veja, por exemplo, ARA, ARC, NAA, NVT.

[19] Nahum M. Sarna, *Exodus*, The JPS Torah Commentary (Philadelphia: The Jewish Publication Society), 1991, p. 124; Victor P. Hamilton, *Exodus: An Exegetical Commentary* (Grand Rapids, MI: Baker Academic, 2011), p. 384.

escravizada como mera propriedade cuja vida não tinha valor. Antes, matar um escravo era assassinar um ser humano criado à imagem de Deus. Essa passagem não diz quem é o vingador. A meu ver, diante da possibilidade de que um estrangeiro escravizado não tivesse parentes para vingar sua morte, essa vingança cabia a Deus.[20]

Isso significa que era permitido espancar um escravo até à beira da morte e que, desde que ele sobrevivesse, o dono não estaria sujeito a castigo? Êxodo 21.26-27 indica algo diferente:

> Se um senhor ferir seu escravo ou sua escrava no olho e o cegar, libertará o escravo como compensação pelo olho. Se quebrar o dente de seu escravo ou de sua escrava, libertará o escravo como compensação pelo dente.

Embora, infelizmente, essa passagem não elimine todos os maus-tratos, diz que qualquer ferimento causado em um escravo, como a perda de um dente, lhe dá sua liberdade. Nenhum outro texto do antigo Oriente Próximo tratava uma pessoa escravizada como um agente que podia sofrer injustiça.[21] A Bíblia faz a asserção inédita de que a pessoa escravizada é liberta em razão da perda de *seu* "dente" ou *seu* "olho".[22] O corpo do escravo continua a pertencer a ele, e não ao senhor. Danos físicos exigem que se faça reparação ao *escravo*.

Não estou dizendo que o texto bíblico retrata uma escravidão fácil, enquanto a situação dos escravos americanos era pior. Meu interesse era investigar se os textos bíblicos endossavam a escravidão, como se fosse algo bom, ou se procuravam limitar os estragos de um mundo corrompido. Como descendente de escravos, ainda é doloroso ler e interpretar essas passagens. Talvez a cura dessas feridas seja escatológica. Ainda assim, embora desejemos que algumas passagens do Antigo Testamento fossem mais longe, fica claro para mim que o próprio caráter de Deus e a história central do Antigo Testamento se pronunciam contra a escravidão. A escravidão é manifestação da Queda, e Deus começa a história de Israel com sua libertação da escravidão como símbolo de esperança. Meus antepassados leram o

[20] Veja Hamilton, *Exodus*, p. 384. Sarna, *Exodus*, p. 124, propõe que a comunidade executava o criminoso.
[21] Sarna, *Exodus*, p. 127.
[22] Sou grato a Aubrey Buster, professora de Antigo Testamento de Wheaton College, por destacar esse fato em uma conversa particular.

texto dessa forma, como também o faço. As leis do Antigo Testamento reconhecem a humanidade e a dignidade da pessoa escravizada de uma forma que vai muito além dos contemporâneos de Israel. Também abre vários caminhos para a liberdade. Não é tudo, mas é suficiente, pois é possível seguir a trajetória desses textos rumo à libertação.

E, por fim, o apóstolo Paulo

Mas e quanto ao apóstolo Paulo, apresentado aos cristãos negros como fonte de todos os nossos problemas? Ninguém na época de Paulo nem ao longo dos séculos seguintes parecia vislumbrar o fim da escravidão como prática estabelecida.[23] Paulo não parece imaginar que suas pequenas comunidades em desenvolvimento pudessem fazer algo extremamente radical, como mudar as leis romanas. Ainda assim, desejo investigar se há aspectos do pensamento de Paulo que fornecem as ferramentas para imaginar um mundo depois da escravidão. Essa investigação não é sem viés, nem é exaustiva. Tratarei de apenas três textos paulinos como exemplos das maneiras que ele nos fornece recursos para ver os escravizados de forma diferente. São eles: a carta a Filemom, 1Timóteo 6.1-3 e 1Coríntios 7.21-24.

Onésimo, o escravo fugido, e mais do que foi pedido

Ao pensar em Paulo e na escravidão, cedo ou tarde precisamos tratar da narrativa complexa de Paulo, Onésimo e Filemom. Esta não é uma reflexão teológica sobre um escravo abstrato e um senhor imaginário. Aqui, vemos Paulo colocar sua teologia em prática. Qual é a aplicação no mundo real de textos como 1Timóteo 6.1-3 quando uma pessoa escravizada fugiu?[24]

Donos de escravos afirmavam que Paulo cumpriu sua obrigação de devolver o escravo e usavam esse argumento para justificar a escravidão.[25]

[23] A notável exceção é Gregório de Nissa. Veja Tom Holland, *Dominion: How the Christian Revolution Remade the World* (New York: Basic Books, 2019), p. 141-42.

[24] Muitos partem do pressuposto de que Onésimo roubou de Filemom e fugiu dele. Para uma análise e uma crítica, veja Obusitswe Kingsley Tiroyabone, "Reading Philemon with Onesimus in the Postcolony: Exploring a Postcolonial Runaway Slave Hypothesis", *Acta Theologica* 24 (2016): p. 225-36.

[25] James Noel diz: "Vista pela lente das estruturas discursivas opressoras criadas pelos próprios escravagistas brancos, não é de admirar que entendessem a referência de Paulo ao

Proponho que, nessa passagem, Paulo faz duas coisas que enfraquecem seriamente a ideia de escravidão: (1) transforma relacionamentos e condições sociais à luz de Cristo; e (2) pede a Filemom que liberte Onésimo.[26]

Paulo se refere a si mesmo e a outros como prisioneiros de Jesus Cristo (Fm 1.1,9-10,12,23). Essa condição inferior o coloca no mesmo nível que Onésimo aos olhos da sociedade.[27] Se alguém se sentisse tentado a ver Onésimo como criminoso por ter fugido, também seria obrigado a condenar Paulo. Logo, o apóstolo começa sua intervenção pastoral não a partir de uma posição de poder, mas de uma posição de fraqueza. Lloyd A. Lewis diz: "Quando Paulo se identifica de modo mais literal por sua condição de criminoso, coloca de lado seu grande prestígio dentro da igreja. Nesse caso, o apostolado não era um indicador hierárquico importante. Portanto, Filemom vê Paulo se colocar em um nível comparável com o de outro criminoso e escravo".[28]

A retórica de Paulo torna difícil Filemom se gabar de sua condição de proprietário e da condição de Onésimo de escravo.[29] Paulo usa uma terminologia ligada à família e chama Filemom de seu irmão. A questão central fica clara: a unidade em Cristo transforma relacionamentos. Cristãos tratam todos — escravos, livres ou prisioneiros — como membros da família.[30]

fato de Onésimo ser mais útil para Paulo como algo que ocorreria com a continuidade da servidão de Onésimo". James A. Noel, "Nat Is Back: The Return of the Re/Oppressed in Philemon", in *Onesimus Our Brother: Reading Religion, Race, and Culture in Philemon*, ed. Matthew V. Johnson, James A. Noel, e Demetrius K. Williams (Minneapolis, MN: Fortress Press, 2012), p. 73.

[26] Tiroyabone, "Reading Philemon", p. 231, observa corretamente que a maioria das interpretações de Filemom é "colonial", pois pressupõe que "Paulo desejasse que as relações coloniais senhor-escravo prevalecessem, mesmo em grupos cristãos, e não deixa espaço para a possibilidade de que Paulo quisesse que Onésimo fosse libertado da relação senhor-escravo".

[27] Mary Hinkle Shore, "The Freedom of Three Christians: Paul's Letter to Philemon and the Beginning of a New Age", *Word & World* 38 (outono de 2018): p. 390-97, observa que Paulo não menciona seu apostolado, mas destaca sua condição de prisioneiro.

[28] Lloyd A. Lewis, "Philemon", in *True to Our Native Land: An African American Commentary on the New Testament*, ed. Brian K. Blount et al. (Minneapolis, MN: Fortress Press, 2007), p. 439.

[29] Há quem questione se Onésimo era escravo e proponha que, na verdade, era irmão de Filemom. Veja Allen Dwight Callahan, "Paul's Epistle to Philemon: Toward an Alternative Argumentum", *Harvard Theological Review* 86, no. 4 (1993): p. 357-76. Para uma réplica, veja Margaret M. Mitchell, "John Chrysostom on Philemon: A Second Look", *Harvard Theological Review* 88, no. 1 (1995): p. 135-48.

[30] Mitzi J. Smith, "Utility, Fraternity, and Reconciliation: Ancient Slavery as a Context for the Return of Onesimus", em *Onesimus Our Brother: Reading Religion, Race, and Culture in*

Essa ideia de que escravos e senhores fazem parte da mesma família solapa o conceito de escravidão. Quem escravizaria um irmão ou uma irmã?

É fácil vermos essa linguagem com cinismo, especialmente tendo em conta o vocabulário paternalista que cercava a escravidão negra no sul dos Estados Unidos. Não obstante, temos de dar espaço para que a teologia cristã desenvolva seu argumento. Paulo crê que Jesus veio na forma de escravo e, ao fazê-lo, trouxe salvação ao mundo (Fp 2.15-21). O apóstolo fala repetidamente em suas cartas de envergonhar por meio da *fraqueza* aqueles que têm poder (1Co 1.18-31). De acordo com ele, Jesus é o modelo para nossas interações com outros. Essa inversão teológica da dinâmica de poder interpessoal exercia impacto sobre a maneira como escravos e senhores viam uns aos outros.

A ideia de poder por meio da fraqueza arraigado em amor influencia o tipo de argumentação que Paulo desenvolve. Ele diz: "Por isso, ainda que pudesse exigir em Cristo que você faça o que é certo, prefiro pedir com base no amor" (Fm 1.8-9). Paulo quer que Filemom faça algo, mas quer que seja uma ação fundamentada no amor que compartilham em Cristo, e não simples obediência a uma ordem. O apóstolo prefere não "fazer nada sem seu consentimento [de Filemom]" e espera que, na providência de Deus, Filemom receba Onésimo de volta como "mais que um escravo", isto é, como "um irmão amado".

O que exatamente Paulo deixa implícito aqui? Que "obrigação" é essa que Paulo não quer impor? O apóstolo está apenas dizendo que deseja que Filemom receba Onésimo de volta e o trate *com mais bondade*, agora que seu escravo é cristão? Há quem afirme que Paulo quer apenas reconciliação, e não alforria. Dizem isso porque a alforria talvez não fosse tão importante para Onésimo ou Paulo.[31] Em resposta, afirmo que simplesmente não levam em consideração as implicações da escravidão na cultura e o bem que a liberdade faz para a alma humana.

Philemon, ed. M. V. Johnson, J. A. Noel, e D. K. Williams (Minneapolis, MN: Fortress, 2012), p. 47-58, afirma — com base no jogo de palavras com o nome Onésimo, "inútil", e agora útil em Filemom 1.11 — que Paulo ainda vê Onésimo pela lente dos estereótipos de escravos preguiçosos e desonestos. Veja, contudo, a réplica de Jennifer A. Glancy, "The Utility of an Apostle: On Philemon 11", *Journal of Early Christian History* 5, no. 1 (2015): p. 72-86.

[31] F. F. Bruce, *The Epistles to the Colossians, to Philemon, and to the Ephesians*, NICNT (Grand Rapids, MI: Eerdmans, 1984), p. 191-202; David W. Pao, *Colossians and Philemon*, ZECNT (Grand Rapids, MI: Zondervan, 2012), p. 341-55.

Mas o que significa Paulo estar confiante de que Filemom fará "até mais" do que ele pede? O apóstolo já pediu *explicitamente* que Filemom receba Onésimo de volta como irmão. Brown observa acertadamente que Paulo deseja

> que um senhor de escravos cristão desafie as convenções: que perdoe e receba de volta em sua casa um escravo fugido; que recuse a reparação financeira que lhe é oferecida, ciente do que se deve a Cristo, como foi proclamado por Paulo; que vá mais longe em sua generosidade e liberte o servo; e, mais importante de tudo da perspectiva teológica, que reconheça em Onésimo um irmão amado e, desse modo, reconheça sua transformação cristã.[32]

O estudioso da Bíblia James Noel conta uma história interessante sobre o ensino de Filemom no contexto de um estudo bíblico de igreja. Durante o estudo, um participante perguntou: "O que você imagina que teria acontecido se uma pessoa escravizada voltasse para seu senhor e lhe mostrasse essa carta?".[33] Aqui, ele procura levar os participantes do estudo a imaginar como esse acontecimento teria estremecido a igreja. A pergunta mais central, porém, é: O que Onésimo esperava? Ao chegar à casa de Filemom, como esperava ser recebido? Estudos acadêmicos recentes pedem, corretamente, que vejamos Onésimo como agente capaz de agir em favor de si mesmo.[34] Tiroyabone propõe a seguinte situação que leva em consideração a agência de Onésimo:

> Ele sabia que seu senhor havia sido convertido à fé cristã, pois todos os membros da casa agora participavam dos cultos realizados ali. Sabia que o líder do movimento evangelístico era Paulo, e que estava em Roma. Tinha roubado de Filemom, pois, sem dinheiro, não teria conseguido chegar a Roma para se encontrar com Paulo. A meu ver, Onésimo sabia que a nova fé propunha novas coisas, sem precedentes em sua época. Desejava ser alforriado e, durante sua estadia com Paulo, mostrou que era um trabalhador competente a fim de que Paulo recomendasse sua alforria.[35]

[32]Raymond Brown, *An Introduction to the New Testament, Anchor Bible Reference Library* (Yale: Yale University Press, 1997), p. 506; veja também Cain Hope Felder, "The Letter to Philemon", in *2 Corinthians—Philemon*, NIB 11 (Nashville, TN: Abingdon Press, 2000), p. 898-99.
[33]James A. Noel, "Nat is Back", p. 87.
[34]M. V. Johnson, J. A. Noel, e D. K. Williams, eds., *Onesimus Our Brother: Reading Religion, Race, and Culture in Philemon* (Minneapolis, MN: Fortress, 2012).
[35]Tiroyabone, "Reading Philemon", p. 233-34.

A meu ver, não há evidências de que Onésimo tenha roubado de Filemom, mas o argumento central é sólido. Nada no texto nos impede de supor que ele procurou Paulo com a intenção de ser liberto e que Paulo se aliou a ele nessa empreitada. Portanto, devemos parar de chamar Onésimo "escravo fugido". Ao fazê-lo, adotamos a opinião dos senhores de escravos, pois quando alguém foge a coisa lógica a fazer é mandá-lo de volta. Onésimo, contudo, não tinha nenhum desejo de ser mandado de volta. Onésimo não fugiu; *ele escapou*.

Se Onésimo procurou Paulo com a esperança de ser liberto, encontrou muito mais. Foi transformado pelo evangelho. Isso não significa que esperasse menos, mas que voltou com esperança de liberdade e de fraternidade cristã. À luz da carta de Paulo, seria difícil Filemom decepcionar essa esperança.

O anseio de Onésimo por liberdade dá a outros cristãos motivo de esperança. Eis um trecho de um apelo que cristãos escravizados fizeram à Câmara dos Representantes de Massachusetts em 1774:

> Nossa vida é amargada. [...] Nossa situação deplorável nos torna incapazes de demonstrar nossa obediência ao Deus Todo-poderoso. Como um escravo pode cumprir seus deveres de marido para com sua esposa, ou de pai para com seu filho? Como pode o marido deixar o senhor para trabalhar e apegar-se a sua esposa? [...] Como pode o filho obedecer aos pais em todas as coisas? Muitos de nós somos membros [...] sinceros da igreja de Cristo. Como se pode dizer que senhor e escravo cumprem a ordem para amar um ao outro com amor fraternal e levar os fardos um do outro? Como se pode dizer que o senhor leva meu fardo, quando é ele que me aflige com as pesadas cadeias da escravidão e opressão contra minha vontade? E como podemos cumprir nossa parte da obrigação para com ele em meio a essas condições se não temos como servir a Deus devidamente em nossa situação?[36]

Esses cristãos afirmam que a natureza da vida cristã exige sua liberdade. Não podem desempenhar plenamente seus papéis de maridos, pais, esposas e filhos como escravos. Logo, a mensagem cristã colocou pressão sobre a prática estabelecida. Ademais, esses indivíduos escravizados apelam para a mesma fraternidade à qual Paulo se refere em Filemom. Afirmam que o "amor fraternal" impele o cristão a considerar o que essa prática faz a seus

[36]Citado em CALLAHAN, *Talking Book*, p. 34.

irmãos e a suas irmãs em Cristo. Afirmo que era intenção de Deus que Paulo usasse o retrato do cristianismo como família para colocar exatamente esse tipo de pressão sobre a igreja a fim de redefinir e abolir a prática estabelecida.

A condição de nosso chamado (1Co 7.21-24); da casa de Filemom a Corinto

Em 1Coríntios 7, Paulo trata de uma série de questões enviadas a ele sobre a vida cristã. Essas perguntas se referem a casamento, divórcio, circuncisão e solteirismo. Seu conselho geral em todos esses âmbitos pode ser resumido da seguinte forma: "Cada um permaneça como estava quando Deus o chamou" (1Co 7.17). Se a pessoa era circuncidada quando se tornou cristã, não devia tentar mudar esse fato. Se era casada com um descrente, não devia se divorciar *pelo fato de* o outro não ser cristão.

Nosso enfoque é em sua discussão sobre a escravidão. Ele diz aos escravos:

> Você foi chamado sendo escravo? Não deixe que isso o preocupe, *mas, se tiver a oportunidade de ficar livre, aproveite-a.* E, se você era escravo quando o Senhor o chamou, agora é livre no Senhor. E, se você era livre quando o Senhor o chamou, agora é escravo de Cristo. Vocês foram comprados por alto preço, portanto não se deixem escravizar pelo mundo.
>
> 1Coríntios 7.21-23, grifo nosso[37]

É fácil compreender equivocadamente a declaração inicial de Paulo de que os cristãos não deviam se preocupar com a escravidão. Significa que ser escravo não era importante? Não é isso que Paulo estava dizendo. Os estudiosos do Novo Testamento Ciampa e Rosner imaginam uma pessoa escravizada fazendo a seguinte pergunta: "Minha capacidade de honrar e servir a Deus não é profundamente comprometida por minha condição de escravo? Não é especialmente o caso no tocante a ter uma vida de pureza

[37]Vai além do escopo deste livro tratar do significado exato das palavras em itálico. Uma boa visão geral das opções se encontra em Michael Flexsenhar, "Recovering Paul's Hypothetical Slaves: Rhetoric and Reality in 1 Corinthians 7:21", *Journal for the Study of Paul and His Letters* 5, no. 1 (2015): p. 71-88. O argumento clássico de acordo com o qual Paulo queria que os coríntios obtivessem liberdade se possível se encontra em Will Deming, "A Diatribe Pattern in 1 Cor. 7:21-22: A New Perspective on Paul's Directions to Slaves", *Novum Testamentum* 37, no. 2 (1995): p. 130-37.

sexual e integridade? Não estaria em situação melhor diante de Deus se fosse livre?".[38] Foi exatamente esse problema que os indivíduos escravizados em Massachusetts apresentaram para os legisladores. A escravidão limita a prática cristã. O objetivo de Paulo não é mostrar que essa questão é *insignificante*. Seu objetivo é mostrar que pessoas escravizadas não são *moralmente* censuráveis pelos pecados de seus senhores.[39] Não são culpadas, e Deus não as ama menos, em razão da impossibilidade de seguirem plenamente as ordens de Cristo. Essa é a resposta pastoral. Embora Paulo diga que os escravos não são moralmente censuráveis pelos pecados de seus senhores, aconselha-os a obter a liberdade, se possível.[40]

Quais são as implicações para nosso entendimento de Paulo e da escravidão? Paulo não crê que judeus e gentios e escravos e livres sejam relativizados da mesma forma. Diz aos gentios que não devem ser circuncidados para agradar a Deus. Diz aos escravos que obtenham liberdade se puderem. Por quê? Porque ele reconhece que a escravidão impõe limites sobre o cristão.[41]

Precisamos perguntar que impacto essa carta teria em uma congregação mista. Senhores de escravos ouvem Paulo dizer aos escravos que obtenham liberdade se puderem. As palavras de Paulo poderiam ser usadas para convencer a consciência dos senhores para que, como Filemom, agissem por amor. Também precisamos perguntar como as autoridades em uma república democrática deveriam ter recebido essa mensagem de Paulo. Os cristãos devem se tornar o meio pelo qual os escravizados recebem a liberdade que buscam há tanto tempo.

[38] Roy E. Ciampa e Brian S. Rosner, *The First Letter to the Corinthians*, PNTC (Grand Rapid, MI: Eerdmans, 2010), p. 319.

[39] Idem, p. 319.

[40] Veja David E. Garland, *1 Corinthians*, Baker Exegetical Commentary on the New Testament (Grand Rapids, MI: Baker Academic, 2003), p. 309-13. Para uma bibliografia de estudiosos recentes que adotam esse posicionamento, veja Flexsenhar, "Recovering Paul", p. 73, nota 6. Ele questiona esse consenso, em parte porque duvida que os escravos pudessem escolher a alforria e porque com frequência era dada de qualquer modo. A meu ver, a compra da alforria era mais proeminente do que ele imagina, e Paulo estava dizendo que, se fosse possível comprar a liberdade ou obtê-la de algum modo, deviam fazê-lo.

[41] De acordo com William Webb, *Slaves, Women, and Homosexuals* (Downers Grove, IL: IVP Academic, 2001), p. 84, os comentários de Paulo sobre escravidão, em 1Coríntios 7.21-24 inclusive, são "discretamente sugestivos" de uma forma de pensamento cristão que torna impossível a escravidão. Ele afirma que dão início a uma trajetória redentora que permite aos cristãos apoiar a abolição.

1Timóteo 6.1-3

Será que a revolução toda é desfeita por 1Timóteo 6.1-3, em que Paulo instrui os escravos a se sujeitarem a seus senhores? Muitos diriam que sim e iriam ainda mais longe; afirmariam que, na verdade, a revolução nunca ocorreu. Diriam que a imagem idealizada de escravos e senhores no Novo Testamento não leva a sério o sofrimento das pessoas escravizadas.[42] Quem segue essa linha propõe que o Novo Testamento trata de elementos abstratos, enquanto a escravidão existia como uma realidade vivenciada, em que as pessoas sofriam.

Essa crítica tem alguns aspectos problemáticos. Primeiro, parece supor certo cinismo da parte de Paulo, como se ele não acreditasse, de verdade, que a fé podia reconfigurar relacionamentos, mas apenas usasse a *linguagem de reciprocidade e família* para manter na linha os escravizados. Dá a impressão de que havia dois lados, os escravagistas e os abolicionistas, e que Paulo escolheu o primeiro grupo. Não havia uma resistência ampla à escravidão no tempo de Paulo. A escravidão não precisava do apoio dele. Era um sistema autônomo, que abrangia todas as esferas da sociedade. Segundo, toda a teologia cristã (e não apenas a discussão sobre escravidão) trata de ideais. Quando Paulo fala do fruto do Espírito ou do amor mútuo que deve caracterizar a vida cristã, também pode ser desconsiderado em razão de seu idealismo. Ainda assim, Paulo acreditava que o amor era possível mesmo que a igreja falhasse repetidamente. Temos inúmeros motivos para concluir que Paulo acreditava naquilo que escrevia sobre a igreja como família e sobre como a cruz verdadeiramente reconfigura todos os relacionamentos sociais.[43]

Mas e quanto ao que Paulo diz em 1Timóteo 6.1-3? Ele imagina duas situações. Primeiro, refere-se a escravos que têm senhores descrentes. Diz que devem honrar seus senhores para que o nome de Deus e o ensino cristão não sejam difamados. Essa parte de sua instrução faz alusão a trechos

[42] Anders Martinsen, "Was There New Life for the Social Dead in Early Christian Communities? An Ideological-Critical Interpretation of Slavery in the Household Codes", *Journal of Early Christian History* 2, no. 1 (2012): p. 55-69.
[43] Veja N. T. Wright, *Paul and the Faithfulness of God* (Minneapolis, MN: Fortress Press, 2013), p. 6, quanto a nossa negação de que Paulo fosse capaz de pensamentos revolucionários.

do Antigo Testamento em que se diz que os gentios blasfemam o nome de Deus em razão do testemunho negativo de Israel.[44]

Essa alusão ao testemunho dos escravizados aos descrentes é um aspecto bastante negligenciado de 1Timóteo 6.1-3. Temos exemplos do Antigo Testamento de como os israelitas podiam honrar o nome de Deus diante de descrentes; dois casos são Daniel e José. Ambos se viram debaixo de uma autoridade estrangeira que tinha poder de vida e morte. José, pressionado a ter sexo com a esposa de Potifar, recusou e sofreu por causa disso. Daniel não quis se curvar diante de um ídolo. Ambos são elogiados em textos bíblicos e do Segundo Templo como exemplos de fidelidade *debaixo de escravidão*.

É errado, portanto, entender a exortação de Paulo para se sujeitar como indicação de que ele queria que escravos cristãos atendessem a todos os desejos de seus senhores. Havia exemplos no *texto bíblico* de resistência a assédio sexual de senhores de escravos, resistência essa apresentada como forma de honrar o nome de Deus. Diante disso, proponho que, quando Paulo diz que os escravos devem honrar seus senhores, não se refere a obediência incondicional. Com base na tradição profética, tem em mente um comportamento que leve seus senhores a serem atraídos para Deus. De acordo com o Antigo Testamento, isso incluía ocasional recusa em obedecer.[45] Não se trata de usar a escravidão como forma de evangelismo. Antes, a ideia é que mesmo na escravidão ainda se tem certo espaço para viver de uma forma que dê testemunho de suas crenças.

A segunda situação em 1Timóteo 6.1-3 diz respeito a senhores cristãos e escravos cristãos. Paulo pede que os escravos tratem seus senhores com respeito. É importante observar que Paulo vê os escravizados como agentes morais, e não apenas como ferramentas. Instrui-os como pessoas capazes de tomar decisões. Também parece dar a entender que algo no evangelho os leva a olhar para seus senhores de forma diferente. Tudo indica que o evangelho, como era pregado por Paulo, mudava a dinâmica dessa relação.

[44]Philip H. Towner, *The Letters to Timothy and Titus*, NICNT (Grand Rapids, MI: Eerdmans, 2006), p. 380-81.

[45]"Meu senhor me confiou todos os bens de sua casa e não precisa se preocupar com nada. Ninguém aqui tem mais autoridade que eu. Ele não me negou coisa alguma, exceto a senhora, pois é mulher dele. Como poderia eu cometer tamanha maldade? Estaria pecando contra Deus!" (Gn 39.8-9).

Paulo não chega a propor que se leve o evangelho às últimas consequências. Antes, diz que até mesmo nessas circunstâncias devemos amor e respeito a outros, à medida que a igreja começa a concretizar as realidades do evangelho de modo mais pleno. Pelo menos aqui, as estruturas continuam presentes, embora o evangelho tenha enfraquecido seu poder.

Afinal, como entender a passagem? Creio que devemos tratar de 1Timóteo 6.1-3 da mesma forma que tratamos das leis sobre escravidão no Antigo Testamento. Paulo procura lidar de modo pastoral com uma situação difícil. Não somos limitados a sua solução, mas podemos ser inspirados por seu exemplo. Apesar de asserções em contrário, Paulo procurou limitar os estragos causados pela escravidão e repensar toda essa prática à luz da cruz e da ressurreição. Nada no mundo imaginado por Paulo permaneceu igual depois que ele passou a crer na ressurreição. A escravidão tinha de mudar, junto com todo o restante. Tanto nos Estados Unidos quanto em outros lugares, a igreja deveria ter sido capaz de concretizar mais plenamente as implicações do evangelho muito antes do que o fez. Deveríamos ter libertado os escravos.

Conclusão

Começamos com uma pergunta feita por James Pennington: O Deus a quem ele servia apoiava a escravidão? Para Pennington, tudo em sua vida dependia da resposta. Essa é uma pergunta extremamente perigosa de um cristão negro fazer, pois não sabemos o que está do outro lado. Para começar, consideramos o modelo exegético que Cristo nos deu. Jesus desenvolve seu argumento a partir dos propósitos mais amplos da Criação, e não de passagens específicas do Antigo Testamento. De acordo com ele, algumas passagens não apresentavam um ideal, mas, sim, limitavam o pecado humano. Portanto, não precisamos nos ater a essas passagens quando elaboramos uma teologia devidamente cristã. Como argumentei, uma vez que a escravidão não fazia parte da intenção original de Deus, o cristão pode concluir, com base na Criação, que os escravos devem ser libertos. Também podemos concluir, com base na escatologia cristã, que a presente liberdade é um antegosto de coisas por vir.

Propus que o Antigo e o Novo Testamento, o que inclui até mesmo as cartas de Paulo, nos fornecem recursos teológicos para desmantelar a escravidão. É falsa a asserção de que o Antigo e o Novo Testamento simplesmente batizam as práticas estabelecidas sem alterá-las. Antes, as Escrituras criam tensões entre seus temas centrais e a escravidão.

Essas alusões e esses pequenos começos são suficientes de si mesmos? Para discorrer de modo completo sobre cristianismo e escravidão seria necessário discutir como todas as crenças do cristianismo operam em conjunto para acabar com a escravidão: a ordem para amar uns aos outros, as advertências sobre cobiça e imoralidade sexual, a expiação, a imagem de Deus, justificação e justiça. *Juntas*, essas doutrinas tornam a prática da escravidão inaceitável em longo prazo, mas em vez de desenvolver essa argumentação aqui, encerro com a resposta que Pennington encontrou depois de uma vida inteira de luta. Ela representa a conclusão de um ex-escravo sobre essa questão:

> Minha sentença é de que a escravidão é condenada com base no teor e escopo gerais do Novo Testamento, com suas doutrinas, seus preceitos e todas as suas advertências contra esse sistema. Não tenho obrigação de mostrar que o Novo Testamento me autoriza, em determinado capítulo ou versículo, a rejeitar a escravidão. É suficiente mostrar o que meus oponentes reconhecem, que consiste em assassinar os pobres, corromper a sociedade, alienar irmãos e plantar sementes de descontentamento no seio de toda a igreja. [...] Tenhamos sempre em mente o que é a escravidão e o que é o evangelho.[46]

[46] Pennington, *A two years' absence*, p. 27.

CONCLUSÃO

Um exercício de esperança

E essa esperança não nos decepcionará, pois sabemos quanto
Deus nos ama, uma vez que ele nos deu o Espírito Santo
para nos encher o coração com seu amor.

Romanos 5.5

Está demorando um bocado,
mas sei que a mudança virá.

Sam Cooke

Este livro começou com uma declaração, a saber, de que a tradição eclesiástica negra, da qual sou um dos muitos herdeiros, tem uma mensagem distintiva de esperança que nasce de sua interpretação dos textos bíblicos. Essa mensagem de esperança não é apenas algo do passado; é viva, ativa e capaz de mostrar para os cristãos negros que continuam a buscar direção nas Escrituras uma forma de prosseguir com essa empreitada. Quanto ao aspecto pessoal, este livro foi uma tentativa de cumprir a tarefa que me foi confiada por minha mãe e pela igreja de minha infância. Queria que eles e outros cristãos negros enxergassem um pouco de si nestas páginas. O sucesso deste livro não depende do quanto ele é inovador; terei sido bem-sucedido se consegui lembrar outros de nosso lar.

Procurei colocar em forma impressa um hábito ou instinto que não se presta a descrição. Temos vislumbres dele em canções e orações de negros. Vemos esse elemento em nossos sermões e em nossas reuniões de oração. Ele está presente ao redor da mesa, junto a sepulturas e em discursos que despertaram a consciência de uma nação. Abrange paciência com o texto bíblico arraigada na confiança de que Deus sempre desejou nosso bem, e não o mal.

Essa tradição de interpretação bíblica é, em seu cerne, canônica e teológica, depositando suas maiores esperanças no caráter de Deus que adquire contornos nítidos a partir da totalidade do relato bíblico. É edificada sobre as magníficas verdades de Deus como Criador, Libertador, Salvador e Juiz. A tradição da interpretação bíblica é dialógica, começando claramente com os interesses dos cristãos negros, mas se dispondo a ouvir as Escrituras, em que Deus fala conosco. Temos com o texto bíblico paciência nascida de seu uso contra nós. Como Jacó, tivemos de lutar até que o texto nos abençoasse.

Conforme observei, alguns talvez duvidem da capacidade dessa tradição de tratar das questões que os cristãos enfrentam hoje. Portanto, voltei o olhar para temas que me pareceram prementes:

- A Bíblia tem algo a dizer a respeito da criação de uma sociedade justa em que os negros podem prosperar sem opressão?
- A Bíblia fala da questão de policiamento, fonte constante de medo para a comunidade negra?
- A Bíblia nos autoriza a protestar contra a injustiça quando deparamos com ela?
- A Bíblia valoriza nossa identidade étnica? Deus ama nossa negritude?
- O que devemos fazer a respeito da dor e da ira que acompanham o fato de sermos negros neste país?
- E quanto à escravidão? O Deus da Bíblia sanciona o que aconteceu conosco?

Poderia ter feito mais perguntas, mas não era meu objetivo ser exaustivo. Desejava dar continuidade à conversa, e não concluí-la. Deixarei ao encargo do leitor avaliar se consegui responder a essas perguntas de modo razoavelmente satisfatório. Mas, quer tenha alcançado meu objetivo ou não, o que importa é que o próprio esforço de *interagir* com as Escrituras com a *expectativa* de uma resposta é um exercício de esperança. É um ato de fé que tem ajudado negros a atravessar desesperança inimaginável e caminhar em direção a um futuro mais auspicioso. A Bíblia tem sido fonte de consolo, mas tem ido além. Tem inspirado ação e transformado circunstâncias. Tem libertado corpos e almas negros.

E o que vem a seguir? Espero que este livro inspire mais estudos bíblicos acadêmicos arraigados nos instintos e hábitos mais profundos da tradição eclesiástica negra (se os entendi corretamente). Espero que a tradição protestante, a tradição evangélica e a tradição progressista tenham encontrado em seu diálogo mais um parceiro digno de respeito. Também espero ter oferecido um caminho que cristãos possam seguir para enxergar esses textos como um aliado, e não um inimigo. Mas esse é só o começo.

As perguntas que fiz precisam ser investigadas em profundidade muito maior. Esses capítulos são esboços rumo a um envolvimento mais intenso com a Bíblia e com as esperanças dos negros. A questão do policiamento no Novo Testamento e sua relação com os negros em nosso país é uma dissertação que está pedindo para ser escrita. (É bom se apressar, pois talvez eu a escreva primeiro.) Nossa teologia de testemunho público e protesto permanece anêmica no campo dos estudos bíblicos. Por tempo demais, permitimos que algumas passagens indevidamente aplicadas monopolizassem a conversa. Permitimos que regras feitas por homens (uso o termo *homens* intencionalmente) criassem uma prisão hermenêutica que tolheu a liberdade dos estudos bíblicos no passado. É hora de deixar o leão sair para caçar. A questão da identidade étnica e da comunidade cristã, levantada e tratada uma geração atrás, também precisa voltar à baila em nossos dias para que nosso povo saiba que Deus se gloria nos dons distintos que todos nós trazemos para o reino. O sofrimento dos negros e a ira decorrente dele não vão desaparecer sozinhos. Portanto, a longa tradição negra de refletir sobre nossa dor terá continuidade. A questão da escravidão nos acompanhará até o fim dos tempos. Precisamos, portanto, continuar a ler, escrever, interpretar e ter esperança até a vinda Daquele que responderá a todas as nossas perguntas, ou as tornará redundantes.

MATERIAL ADICIONAL

Notas sobre o desenvolvimento da interpretação eclesiástica negra

Há várias apresentações detalhadas da história da interpretação bíblica.[1] Em vez de procurar acrescentar minha contribuição à desses compêndios mais extensos, fornecerei um breve panorama de minha leitura dessa tradição e ressaltarei algumas evidências que não receberam atenção. O objetivo é fornecer uma estrutura histórica e teológica para minhas propostas de interpretação eclesiástica negra.[2]

Muitos reconhecem que o cristianismo negro teve início como uma contrainterpretação. A maioria dos escravos negros teve seu primeiro contato com o cristianismo em nosso país como uma tentativa de controlá-los e torná-los contentes com sua sorte neste mundo, na esperança de um mundo melhor no porvir. Francis Le Jau, missionário anglicano no estado da Carolina do Sul, é um bom exemplo dessa prática. Ele obrigava os escravizados a concordar com a seguinte declaração antes de batizá-los:

> Você declara na presença de Deus e diante dessa congregação que não pede esse santo batismo com qualquer ideia de se libertar do dever e da obediência a seu senhor enquanto você viver, mas apenas para o bem de sua alma e para participar das graças e bênçãos prometidas aos membros da igreja de Jesus Cristo.[3]

[1] Mitzi SMITH, *Insights from African American Interpretation* (Minneapolis, MN: Fortress Press, 2017), p. 1-76; Allen Dwight CALLAHAN, *The Talking Book: African Americans and the Bible* (New Haven, CT: Yale University Press, 2006); Vincent WIMBUSH, "The Bible and African Americans: An Outline of an Interpretive History", in *Stony the Road We Trod: African American Biblical Interpretation*, ed. Cain Hope Felder (Minneapolis, MN: Augsburg Fortress, 1991), p. 81-97.

[2] Por uma questão de espaço, infelizmente boa parte do período entre 1920 e o início da teologia negra na década de 1960 terá de ficar de fora.

[3] Citado em Albert J. RABOTEAU, *Canaan Land: A Religious History of African Americans, Religion in American Life* (New York: Oxford University Press, 2001), p. 16.

Não é de surpreender que muitos tenham rejeitado esse evangelho seriamente limitado.[4] Ainda assim, a conversão de negros a Cristo começou em escala expressiva durante o Grande Despertamento na metade do século 18.[5] Os reavivamentos foram bem-sucedidos onde as tentativas anteriores dos anglicanos e puritanos falharam, pois tinham o vigor e a urgência que faltavam às tradições mais circunspectas.[6]

A energia do evangelicalismo era acompanhada em espírito, ainda que nem sempre na prática, de ênfase sobre a igualdade de todas as pessoas em razão da crença de que todos eram pecadores e precisavam da graça de Deus. A igual necessidade de graça apontava para o igual valor de corpos e almas negros, o que tornava a conversão a essa forma de cristianismo uma possibilidade realista. Ademais, os estatutos mais flexíveis de igrejas batistas e, posteriormente, metodistas facilitaram a formação por afro-americanos das próprias igrejas e denominações independentes quando o racismo os excluiu de igrejas brancas. Nessas igrejas e denominações negras recém-formadas encontramos nosso registro mais completo das interações negras com a Bíblia.

A ênfase sobre a Bíblia nos círculos evangélicos gerou nos negros o desejo de serem alfabetizados. Aprender a ler a Bíblia expandiu o mundo e a imaginação de escravos, tornando-os mais difíceis de controlar. Essa realidade levou a tentativas de limitar a leitura da Bíblia entre escravos por medo que causasse rebelião.[7] O medo que os senhores de escravos tinham da Bíblia deve servir, em certa medida, de testemunho indireto daquilo que esses senhores imaginavam que ela dizia. Alguns deles sabiam que suas conclusões exegéticas só sobreviveriam se os negros não tivessem experiência pessoal com o texto. A meu ver, isso mostra claramente que a leitura da Bíblia era, em si mesma, um ato contra o desespero e em favor da esperança.

Vemos pelo menos três reações que surgem da interação dos negros com a Bíblia nesse período. Alguns indivíduos anteriormente escravizados

[4] Allen Dwight CALLAHAN, *The Talking Book: African Americans and the Bible* (New Haven, CT: Yale University Press, 2006), p. 3.

[5] RABOTEAU, *Canaan Land*, p. 16-17; H. L. WHELCHEL, *The History and Heritage of African-American Churches: A Way Out of No Way* (St. Paul, MN: Paragon House, 2011), p. 83.

[6] WHELCHEL, *The History and Heritage of African-American Churches*, p. 84.

[7] Idem, p. 90.

usavam a Bíblia para argumentar contra o racismo com base em cor e contra a escravidão, e um texto predileto era Atos 17.26 na versão King James. Dizia que Deus "fez de um só sangue todas as nações de homens para habitar na face da terra".[8] De acordo com muitos cristãos negros, essa origem em comum não permitia a escravidão baseada em raça. Outros pareciam internalizar, pelo menos em parte, o conceito negativo do valor dos negros expresso entre os cristãos brancos.[9] É comum mencionar Phyllis Wheatley e Jupiter Hammon nesse grupo.[10] O "Discurso aos negros do estado de Nova York" proferido por Hammon é conhecido por sua exortação para que os escravizados aceitassem sua triste situação com base em intepretações de Paulo aceitas pelos senhores brancos de escravos. O discurso de Hammon também expressou ceticismo quanto à competência moral de negros, ceticismo esse que aparece na literatura dos escravizadores. Outros estudos questionam se não interpretamos esses dois exemplos de forma excessivamente simplificada.[11] Qualquer que seja o caso, é justo dizer que refletiam uma crítica mais branda do cristianismo americano, algo parcialmente compreensível, tendo em conta sua condição como indivíduos escravizados. De acordo com uma terceira linha de interpretação bíblica, as Escrituras pediam uma rebelião semelhante ao êxodo para obter liberdade. Nat Turner é excelente exemplo dessa linha de interpretação. Afirmava que havia sido chamado por Deus para liderar essa rebelião, que em parte nasceu de sua interpretação da Bíblia.

A maioria dos escritores negros desse período via nos textos do Antigo e do Novo Testamento uma mensagem que exigia libertação da escravidão *física*. A exigência do fim da escravidão não significava que não atentavam devidamente para a importância de o indivíduo ser salvo do pecado.

[8]Veja Olaudah EQUIANO, "Traditional Ibo Religion and Culture", in *African American Religious History: A Documentary Witness*, ed. Milton C. Sernett (Durham, NC: Duke University Press), p. 18.

[9]Veja Jupiter HAMMON, "Address to the Negroes in the Sates of New York", in *African American Religious History*, p. 34-43.

[10]Eleanor SMITH, "Phillis Wheatley: A Black Perspective", *The Journal of Negro Education* 43, no. 3 (1974): p. 401-7.

[11]Quanto a Wheatley, veja Sondra O'NEALE, "A Subtle War: Phyllis Wheatley's Use of Biblical Myth and Symbol", *Early American Literature* 21 (1986), p. 144-65, e o poema recém-descoberto de Hammon discutido em Cedric MAY e Julie MCCOWN, "An Essay on Slavery: An Unpublished Poem by Jupiter Hammon", *Early American Literature* 40 (2013), p. 457-71.

O requisito de transformação individual e social dentro do contexto das confissões históricas do cristianismo é o que vim a considerar a linha principal, ou pelo menos uma linha relevante, da tradição eclesiástica negra.

Tornou-se comum dizer que pessoas escravizadas eram atraídas pela Bíblia porque ela retratava liberdade da escravidão. Ao recorrermos a fontes primárias, contudo, vemos que não faltam testemunhos da alegria da salvação.[12] Essa apropriação bifocal da mensagem cristã como poder que promove mudança pessoal e social é a contribuição da tradição cristã negra para a igreja americana. Essas três realidades (crítica, aquiescência e rebeldia) aparecem lado a lado, não tanto como métodos interpretativos, mas como reações ao que os afro-americanos encontravam no texto. Uma linha procurava acabar com o racismo e formar uma família arraigada em nosso reconhecimento mútuo da *imago Dei* e na crença no senhorio de Cristo.[13] Outra aceitava a terrível situação dos negros e procurava usá-la para o bem, em busca de uma redenção escatológica. A terceira vislumbrava esperança em uma revolução.

O testemunho inicial das igrejas negras

Alguns estudiosos descrevem o método interpretativo negro, em seus primórdios, como o precursor dos intérpretes modernos que colocam os interesses dos negros em primeiro plano na interpretação bíblica.[14] Sem dúvida, é correto dizer que os escravizados trouxeram para o texto as questões relevantes para a vida deles. Mas será que os senhores brancos de escravos eram leitores neutros do conteúdo bíblico que depararam acidentalmente com uma interpretação que justificava sua superioridade física, psicológica e financeira em relação aos africanos? Os senhores de escravos não eram exegetas imparciais. Colocaram sua cobiça por poder e riqueza material *diante do texto* e leram a Bíblia por esse filtro.

Se os cristãos negros não foram os primeiros a usar seus interesses como filtro do texto, o que os torna singulares? Se há um lugar em que poderemos encontrar resposta para essa pergunta, certamente é nas igrejas negras formadas nesse período. Os negros asseveram repetidamente que criaram

[12]WHELCHEL, *The History and Heritage of African-American Churches*, p. 85.

[13]Brian K. BLOUNT, *Then the Whisper Put on Flesh: New Testament Ethics in an African American Context* (Nashville, TN: Abingdon Press, 2001), p. 26-28.

[14]Idem, p. 34.

igrejas para adorar a Deus de modo fiel. O grande problema não era o conjunto de doutrinas da fé cristã, mas a prática dos senhores de escravos. A Igreja Metodista Episcopal Africana (AME, em inglês) nasceu quando a Igreja Metodista Episcopal branca removeu cristãos negros de um templo durante um período de oração.[15] De acordo com a AME, o comportamento desses brancos foi *não cristão*. Tornou-se necessário, portanto, formar suas próprias comunidades, em que pudessem praticar o *cristianismo* devidamente. Essa liberdade foi usada para incluir uma forte condenação da escravidão em seu livro de disciplina, que traz:

> Pergunta: O que será feito para acabar com a escravidão?
> Resposta: Não receberemos em nossa congregação, como membro, ninguém que seja dono de escravos; e aqueles que agora são membros, têm escravos e se recusarem a emancipá-los depois de serem notificados pelo pregador responsável, serão excluídos.[16]

A AME identificou que o problema se encontrava na prática cristã, não na doutrina das Escrituras. Não observamos nenhuma alteração na convicção metodista (e, por trás dela, anglicana) de que as Escrituras contêm todo o necessário para a vida e a salvação.[17]

Os batistas negros, cuja convenção nacional teve início em 1886, também procuraram independência porque desejavam ter liberdade para praticar a fé cristã. Viram, igualmente, que não era necessário alterar os elementos essenciais dessa fé.[18] De modo bastante parecido com os metodistas, além da teologia tradicional, enfatizaram a ação social. William J. Simmons, primeiro presidente da convenção, descreve as primeiras igrejas negras da seguinte forma:

[15] African Methodist Episcopal Church, *The Doctrines and Discipline of the African Methodist Episcopal Church* (Philadelphia: Richard Allen and Jacob Tapsico, 1817), p. 3.
[16] Idem, p. 190.
[17] Idem, p. 13-14.
[18] C. Eric Lincoln e Lawrence H. Mamiya, *The Black Church in the African American Experience* (Durham, NC: Duke University Press, 1990), p. 28; Walter H. Brooks, *The Silver Bluff Church: A History of Negro Baptist Churches in America* (Washington, DC: Press of R. L. Pendleton, 1910), p. 11-20; veja a atual declaração de fé da Convenção Batista Nacional em: <www.nationalbaptist.com/about-nbc/what-we-believe>.

> Deus permitiu que triunfássemos por meio dele. Implantou em nós uma vigorosa árvore espiritual e, desde a libertação, como essa árvore tem crescido? Agora desimpedidos, temos, em meio a nossa ignorância e pobreza, construído milhares de igrejas, começado milhares de escolas, educado milhares de crianças, sustentado milhares de ministros do evangelho, organizado sociedades para cuidar dos enfermos e sepultar os mortos. Essa espiritualidade e esse apreço por frutos são evidências indubitáveis de que a escravidão, embora longa e demorada, encontrou em nossa raça uma espiritualidade forte, cheia de vida, à semelhança de Deus, uma espiritualidade que, como palmeira, floresce e se torna imponente em meio a oposição.[19]

Aqui vemos Simmons elogiar o serviço da igreja à comunidade e sua fidelidade ao evangelho diante de oposição. Se fizéssemos um estudo da fundação da Igreja de Deus em Cristo (COGIC, em inglês), chegaríamos à mesma conclusão a respeito de sua ortodoxia e ortopraxia. Uma diferença digna de nota é que os pentecostais negros não saíram de uma denominação branca. Antes, pastores brancos foram ordenados por pastores negros antes de formarem grupos separados.

Juntos, metodistas, pentecostais e batistas representam as primeiras interações independentes dos negros com a Bíblia. Essas denominações redigiram declarações que refletiam as crenças de suas comunidades. Se o testemunho dos primeiros afro-americanos tem valor, então é importante observar que essas igrejas não situaram o problema nas Escrituras propriamente ditas, mas na interpretação desses textos. Ademais, é equivocado afirmar que esses primeiros leitores só se interessavam pela Bíblia na medida em que tratava diretamente de sua libertação da opressão social e econômica. Essas eram questões centrais, mas vemos clara asserção da capacidade da Bíblia de transformar sua condição espiritual. Podiam apoiar esta sem negar aquela.

Isso não significa que não havia grande diversidade de crenças relacionadas à Bíblia e sua interpretação no primeiro século da interação dos afro-americanos com as Escrituras.[20] Significa, isto sim, que a grande maioria dos primeiros leitores negros não abordava a Bíblia como um todo com ceticismo quanto a sua autoridade e seu valor. Se desejamos saber como

[19] William J. Simmons, *Men of Mark: Eminent, Progressive and Rising* (Cleveland, OH: Geo M. Rewell & Co, 1887), p. 8.

[20] Esse fato é registrado em Callahan, *Talking Book*.

os primeiros cristãos negros interpretavam a Bíblia, a resposta se encontra em seus sermões e testemunhos e nas primeiras declarações confessionais.

De modo geral, esses primeiros cristãos negros combinavam forte apoio à necessidade de salvação pessoal com níveis diversos de ação social e resistência, o que é plenamente compreensível. Se as igrejas negras nasceram das igrejas do Grande Despertamento e se dialogavam com elas, não é de surpreender que tivessem forte apreço pelas Escrituras, mesmo quando rejeitavam interpretações impostas a elas. Todos os cristãos fazem parte de uma só história e, em maior ou menor grau, dialogam com interpretações passadas e presentes. Comunidades cristãs não brotam do nada. O redirecionamento do evangelho pelas igrejas negras para um testemunho mais abrangente e fiel do que o testemunho apresentado pelos senhores de escravos é manifestação desse diálogo em andamento a respeito da natureza da fé cristã.

Teologia negra e a interpretação bíblica afro-americana

Apesar da formação de igrejas negras no século 18, o estudo da Bíblia por negros nos meios acadêmicos só teve início de forma expressiva em meados do século 20, quando Leon White se tornou o primeiro afro-americano a obter o doutorado em Novo Testamento.[21] Essa escassez de estudiosos da Bíblia não se devia a falta de interesse, mas à longa história de racismo institucional que limitou o acesso de negros ao ensino superior.[22]

A primeira geração de estudiosos negros da Bíblia se concentrou principalmente em corrigir a perspectiva eurocêntrica da história bíblica que negava a presença negra nas Escrituras. Dois membros de destaque desse grupo foram Charles Copher e Cain Hope Felder.[23] Ao combinar análise de

[21]Michael Joseph Brown, *The Blackening of the Bible: The Aims of African American Biblical Scholarship* (Harrisburg, PA: Trinity Press International, 2004), p. 19. Cerca de cinquenta anos depois, Renita Weems se tornou a primeira mulher negra a obter um doutorado em Antigo Testamento em um seminário americano. Veja Brown, *Blackening of the Bible*, p. 93.
[22]Smith, *Insights from African American Interpretation*, p. 25-26.
[23]Cain Hope Felder, *Troubling Biblical Waters: Race, Class, and Family* (Maryknoll, NY: Orbis Books, 1989); Cain Hope Felder, "Race, Racism, and the Biblical Narratives", in *Stony the Road We Trod*, p. 127-45; Charles B. Copher, "The Black Presence in the Old Testament", in *Stony the Road We Trod*, p. 146-64. Veja também sua antologia em Charles B. Copher, *Black Biblical Studies: Biblical and Theological Issues on the Black Presence in the Bible* (Chicago: Black Light Fellowship, 1993).

textos do Antigo Testamento, evidências históricas e perspectivas contemporâneas de raça, Copher argumentou que

> de escravos a governantes, de oficiais da corte a autores que escreveram partes do próprio Antigo Testamento, de legisladores a profetas, povos negros e suas terras, bem como indivíduos negros, aparecem inúmeras vezes. Nas veias dos povos hebreus-israelitas-judaítas-judeus corria sangue negro.[24]

O objetivo do trabalho desses estudiosos era bastante claro. Desejavam mostrar inequivocamente que povos africanos faziam parte dos propósitos redentores de Deus desde o início.

Essa empreitada fundamental ainda não foi concluída. Alguns continuam cegos para a presença dos negros na Bíblia. É um fato escondido à vista de todos.[25] Mesmo que não concordemos com todas as conclusões dos membros desse grupo de estudiosos, seu trabalho foi imprescindível para ajudar afro-americanos a entender que faziam parte da magnífica história da redenção.[26] A influência desse trabalho pode ser vista em minhas reflexões sobre Bíblia e identidade negra. Eles foram além do resgate da presença negra; a fim de nortear seus métodos interpretativos, também procuraram lançar mão das teologias da libertação que atingiram sua maturidade nas décadas de 1960 e 1970.[27]

James Cone é amplamente reconhecido como figura seminal na criação da teologia da libertação negra. Nenhuma análise da tradição eclesiástica negra estaria completa sem uma interação com ele, o que justifica uma breve consideração do método interpretativo de Cone proposto em seu ensaio "Revelação bíblica e existência social".[28] Cone argumenta, com razão, que toda teologia é socialmente localizada. De acordo com ele, isso é bom, pois reconhecer a localização social reforça que a criação em que Deus colocou seu povo é boa.[29] Portanto, o fato de Deus ter escolhido Israel

[24]Copher, "Black Presence in the Old Testament", p. 164. Para uma análise dessas asserções, veja Brown, *Blackening of the Bible*, p. 25-34.

[25]Veja minha discussão sucinta da presença negra na Bíblia no quinto capítulo.

[26]Veja a análise mais detalhada de Brown, *Blackening of the Bible*, p. 24-53.

[27]Felder, *Troubling Biblical Waters*, p. xii-xiii.

[28]James H. Cone, "Biblical Revelation and Social Existence", *Interpretation* 28, no. 4 (1974): p. 422-40.

[29]Idem, p. 160-61.

escravizado para ser seu povo eleito mostra o caráter divino. Cone diz: "Se Deus tivesse escolhido como sua 'nação santa' os escravagistas egípcios em lugar dos escravos israelitas, um tipo completamente diferente de Deus teria sido revelado. Portanto, a eleição de Israel não pode ser separada de sua servidão e de sua libertação".[30] O hábito de destacar a localização social de personagens bíblicos em nossas leituras e aplicações da Bíblia é uma consideração que apliquei a minha proposta.

Cone também trata do fato de que o chamado para a aliança foi um ato da graça divina, sustentado por ela. Durante a monarquia, os profetas chamaram Israel de volta à fidelidade à aliança de duas maneiras: os israelitas deviam confiar somente em Javé e deviam deixar de oprimir os pobres. Portanto, para Cone, o Antigo Testamento revela um Deus de libertação que chama seu povo a ser fiel a ele, pois foi liberto por ele. No parecer de Cone, o Novo Testamento cumpriu o Antigo, pois a vida e o ministério de Jesus corporificaram o chamado para a libertação e para a preocupação com os marginalizados.[31] Logo, Cone defende uma interpretação que destaque a transformação por Deus de sistemas políticos e afirma que essa transformação ocupa o centro da mensagem bíblica. Diz:

> O princípio hermenêutico para uma exegese das Escrituras é a revelação de Deus em Cristo como aquele que liberta os oprimidos da luta política e da opressão social, o que leva os pobres a perceber que sua luta contra a pobreza e a injustiça é não apenas coerente com o evangelho, mas é o evangelho de Cristo.[32]

Tenho fortes reservas em relação à natureza totalizadora dessa asserção, que parece separar Cone da importante linha de tradição cristã negra que combinava a transformação de sistemas com a transformação individual de vida. Sua definição do evangelho nesse parágrafo parece conflitante com a narrativa bíblica na qual essa asserção reside.

Será correto afirmar que a libertação política é a tônica predominante do Antigo e do Novo Testamento, a ponto de podermos dizer que ela constitui *o evangelho de Cristo*? Na Bíblia, Êxodo confere a Levítico a formação de um

[30] Idem, p. 162.
[31] Idem, p. 168.
[32] CONE, "Biblical Revelation", p. 174.

sistema religioso e de um povo cuja santidade de vida refletia parte da natureza de Deus. Textos como o *Magnificat* e passagens em Salmos e nos Profetas enfatizam mudanças nas estruturas sociais, mas esses mesmos textos pedem que os recém-libertos se arrependam de seus pecados e se dediquem a uma vida transformada que reflita a mudança realizada pelo Messias Jesus.[33]

Isaías 5.7-8 condena a exploração dos pobres. Alguns versículos adiante, o profeta expressa seu desprazer com a moralidade pessoal dos cidadãos de Judá: "Que aflição espera os que se levantam cedo pela manhã, / para começar a beber, / e passam a noite tomando vinho, / para ficar embriagados" (Is 5.11). A mensagem do profeta abrange um chamado para o fim da opressão e para a transformação do caráter de indivíduos em Judá.

Concordo com a asserção de Cone e de outros de que a crucificação de Jesus foi um ato de terror patrocinado pelo Estado e de que sua ressurreição toma do Estado sua arma mais valiosa: o poder sobre a vida e a morte.[34] No entanto, a morte de Cristo não é apenas uma crítica ao poder totalizador e opressor do Estado. De acordo com vários textos em todo o Novo Testamento, também é o meio de reconciliação de Deus com a humanidade.[35] É um ato de expiação que produz perdão de pecados (Rm 4.25). Portanto, parece justo dizer que Cone trata dos aspectos libertadores que marcaram o início da interpretação negra da Bíblia, ao mesmo tempo que talvez não dê tanta atenção aos elementos de conversão e santidade igualmente presentes nessa interpretação inicial. Procurei reunir todos os três nos capítulos exegéticos da presente obra e fiz questão de deixar que o elemento de libertação fosse influenciado pelo exemplo cruciforme do próprio Cristo.

O resgate da presença negra assumiu forma apenas ligeiramente distinta nos autores que desenvolveram seu pensamento em cima do trabalho inicial sobre esse tema.[36] Primeiro, houve uma mudança de foco da presença

[33] Veja Cone, "Biblical Revelation", p. 167-68 sobre o *Magnificat*.

[34] James Cone, *A Black Theology of Liberation*, ed. de aniversário de 40 anos (New York: Orbis Books, 1970), p. 124-25.

[35] Não estou dizendo que Cone nega que a cruz reconcilia Deus e a humanidade, ou nega que a cruz efetua o perdão de pecados. No entanto, desejo argumentar que, na tentativa de Cone de tratar de um desequilíbrio nos relatos da cruz que minimizam a identificação de Deus com os oprimidos, outros aspectos importantes da cruz podem sumir de vista. Precisamos de uma síntese criativa que reúna essas diversas facetas na mesma obra.

[36] Smith, *Insights from African American Interpretation*, p. 31-48; Brown, *Blackening of the Bible*, p. 54-88.

negra para a agência negra. Não era suficiente observar a presença de figuras negras. Estudiosos desejavam saber como esses indivíduos atuavam no texto.[37] Houve, ainda, um crescimento na interpretação de textos bíblicos de uma perspectiva inequivocamente afro-americana.[38] Observamos, também, um enfoque em fontes primárias negras: os primeiros pastores, mestres e evangelistas e até mesmo autores de ficção posteriores. A princípio, esses materiais receberam o nome de "pais negros", mas hoje fazemos bem em nos lembrar deles como mães e pais negros da fé.[39]

É provável que o desdobramento recente mais importante na interpretação bíblica afro-americana tenha sido o desenvolvimento de uma interpretação bíblica *mulherista*. O termo "mulherista" vem de Alice Walker, que o empregou para se referir a uma forma de feminismo que associa explicitamente questões de raça com a valorização e defesa dos direitos de mulheres negras.[40] No tocante aos estudos bíblicos, o mulherismo veio a se referir a uma forma de intepretação que liga duas coisas que, na opinião de muitos, foram dissociadas. Estudiosos mulheristas criticam o feminismo branco por não examinar sua própria situação privilegiada e por desconsiderar questões raciais. Também criticam a teologia negra por focalizar o racismo e excluir o sexismo e o patriarcado. St. Clair, que cita Jones-Warsaw, oferece a seguinte definição: a interpretação mulherista abrange "a descoberta de relevância e validade do texto bíblico para as mulheres negras que hoje

[37]Randall BAILEY, "Is That Any Name for a Nice Hebrew Boy?", in *The Recovery of Black Presence: An Interdisciplinary Exploration: Essays in Honor of Dr. Charles B. Copher* (Nashville, TN: Abingdon Press, 1995), p. 27-54, por exemplo, propõe que a mãe de Moisés era africana e, em seguida, focaliza suas ações em Êxodo 2.1-10.

[38]SMITH, *Insights from African American Interpretation*, p. 28, menciona a obra de Blount sobre Marcos. Também publicou mais recentemente um livro sobre Apocalipse: BLOUNT, *Can I Get A Witness? Reading Revelation Through African American Culture* (Louisville, KY: Westminster John Knox Press), 2005. Veja também Brad BRAXTON, *No Longer Slaves: Galatians and African American Experience* (Collegeville, MN: The Liturgical Press, 2002); e Brian K. BLOUNT, *True to Our Native Land: An African American New Testament Commentary* (Minneapolis, MN: Fortress Press, 2007).

[39]Frederick L. WARE, *Methodologies of Black Theology* (Eugene, OR: Wipf and Stock, 2002), p. 28; veja também SMITH, *Insights from African American Interpretation*, p. 51; Vincent WIMBUSH, "Introduction: Reading Darkness, Reading Scriptures", in *African Americans and the Bible: Sacred Texts and Social Textures*, ed. Vincent Wimbush (New York: Continuum, 2001), p. 1-49.

[40]Veja Nyasha JUNIOR, *An Introduction to Womanist Biblical Interpretation* (Louisville, KY: Westminster John Knox Press, 2015), p. xi-xxv, para uma discussão extensa das maneiras pelas quais a apropriação de Walker por outros diferiu da intenção dela.

vivenciam a 'realidade tridimensional' de discriminação por raça, sexo e classe social".[41] O mulherismo não constitui a totalidade do trabalho exegético feminino negro.[42] Algumas mulheres se identificam como mulheristas; outras não.[43] Qualquer que seja a designação adotada, as vozes das mulheres negras são essenciais para que todo o povo de Deus participe do processo interpretativo.

Além do surgimento do mulherismo e do enfoque sobre a agência, tendências atuais abrangem a problematização do texto bíblico. De acordo com Smith, "estudiosos bíblicos afro-americanos reconhecem cada vez mais e 'tratam do elefante no meio da sala' [...] ao declarar aquilo que muitos de nossos antepassados africanos diziam: por vezes, há um problema com o (con)texto bíblico em si. O texto bíblico e Deus não são sinônimos".[44] Smith está correta ao observar que há uma longa tradição de crítica afro-americana à Bíblia. Também é justo dizer, porém, que a maioria dos cristãos afro-americanos encontrou maneiras de apoiar a ideia de que o Antigo e do Novo Testamento têm um papel normativo contínuo. Muitos intérpretes negros fizeram o mesmo que leitores da Bíblia ao longo dos séculos e realizaram uma leitura canônica do texto que questiona interpretações e aplicações excessivamente reducionistas. Não se deve entender isso como uma desconsideração de questões válidas, como as que estudiosos mulheristas levantaram a respeito das imagens associadas a mulheres e da forma como elas são retratadas nos textos bíblicos.[45] Também não significa que podemos simplesmente ignorar as dificuldades presentes na Bíblia e imaginar que desaparecerão do cânone. Cabe ao estudioso sondar, pressionar e desafiar as interpretações simplistas. Também é importante questionar leituras simplistas ao usar nossas experiências, pois elas talvez tragam esclarecimentos que outros, por não terem essas mesmas experiências, podem ter deixado passar.

[41] Raquel St. Clair, "Womanist Biblical Interpretation", in *True to Our Native Land*, p. 54.

[42] Veja Nyasha Junior, *An Introduction to Womanist Biblical Interpretation* (Louisville, KY: Westminster John Knox Press, 2015).

[43] Veja Cheryl J. Sanders, Cheryl Townsend Gilkes, Katie G. Cannon, Emilie M. Townes, M. Shawn Copeland, e Bell Hooks, "Roundtable Discussion: Christian Ethics and Theology in Womanist Perspective", *Journal of Feminist Studies in Religion* 5, no. 2 (1989): p. 83-112.

[44] Smith, *Insights from African American Interpretation*, p. 66.

[45] Veja Renita Weems, *Battered Love: Marriage, Sex, and Violence in the Hebrew Prophets* (Minneapolis, MN: Fortress Press, 1995).

De qualquer modo, e aqui me dirijo a intérpretes de modo geral, há uma diferença entre reconhecer a localização social da interpretação e deixar que essa localização ofusque o próprio texto. É preciso que haja ocasiões em que a Bíblia *dê forma* ao pensamento cristão negro, falando-nos de coisas que ainda não sabíamos. A única maneira de o texto falar conosco é se reconhecermos, em algum sentido, que ele se apresenta como lugar de encontro entre Deus e a humanidade. Em outras palavras, o método interpretativo negro não pode apenas declarar o desejo de libertação política, cujas condições são decididas, em grande medida, de modo independente de uma séria interação com o texto bíblico. Brown observa essa tendência de rejeitar o papel normativo da Bíblia quando diz: "Um bocado da hermenêutica bíblica afro-americana é uma reação ou resposta a um percebido avanço do cristianismo evangélico e do fundamentalismo na comunidade afro-americana".[46]

É aqui, na crítica das crenças tradicionais da comunidade afro-americana, que elementos da tradição progressista negra revelam sua dependência de suas *origens*. Se podemos declarar que os primeiros tradicionalistas negros foram influenciados por suas raízes evangélicas, também podemos reconhecer que as mudanças progressistas nos seminários, nas denominações e nas universidades de linha protestante histórica dependeram da tradição antiga da teologia negra.[47] O progressismo negro, como o tradicionalismo negro, não nasceu do nada. Em certos aspectos, a tensão entre a igreja negra e os meios acadêmicos negros é paralela ao diálogo entre os evangélicos brancos e os progressistas brancos.[48] É triste observar que, na comunidade negra, deveria haver mais espaço para cooperação, pois ambos os lados com frequência concordam em várias questões relacionadas ao cristianismo e à justiça para os desvalidos. Não temos a experiência de criar instituições ou igrejas separadas. Progressistas e tradicionalistas negros moram, trabalham e vão à igreja juntos.

Com base em minhas leituras sobre a tradição esboçada acima, observei diversos pontos. Primeiro, não existe apenas uma tradição negra, mas pelo

[46] Brown, *Blackening the Bible*, p. 154-55.
[47] Brown, *Blackening the Bible*, p. 154, comenta que a teologia da libertação é uma reação à modernidade e que a teologia negra faz parte dessa empreitada.
[48] Smith, *Insights from African American Interpretation*, p. 23-24; e Brown, *Blackening the Bible*, p. 23, observa a tensão entre teologia negra acadêmica e popular.

menos três linhas: revolucionária / nacionalista, reformista / transformadora e conformista.[49] Boa parte do diálogo acadêmico atual destaca os herdeiros das tradições revolucionária e conformista. Era meu desejo argumentar em favor de um terceiro elemento dentro da tradição afro-americana. Segundo, observei a presença de algumas tendências comuns na linha reformista / transformadora. Chamei essas tendências tradição eclesiástica negra, pois creio que ela mora nos púlpitos com mais frequência que em material impresso.

Propus que a interpretação eclesiástica negra é, sem dúvida, *socialmente localizada*. Procura entender o que significa ser negro e cristão. Quando disse que era *teológica*, minha intenção foi mostrar que usa conceitos teológicos como o caráter de Deus e a *imago Dei* a fim de propor que o método interpretativo usado para justificar a escravidão era, necessariamente, errado, pois violava o que se pode conhecer a respeito do caráter de Deus. Essa ideia levou ao terceiro ponto, a saber, que a tradição interpretativa negra era *canônica*. Diante de uma passagem difícil como 1Timóteo 6.1-3, os membros dessa tradição se voltaram para o testemunho mais amplo das Escrituras e leram textos individuais à luz de toda a narrativa bíblica. O método também exibiu *paciência*, pois o impulso inicial talvez fosse rejeitar a Bíblia como autoridade em razão da experiência negativa com ela. Não seguiram esse impulso. Em decorrência do legado de uso da Bíblia por escravagistas para oprimir os negros, há uma longa história de crítica secular negra do cristianismo. Cristãos negros tiveram, portanto, de desenvolver uma *apologética dupla* e responder a perguntas levantadas por secularistas negros *e* progressistas brancos. Se entendi a tradição corretamente, essas ferramentas permitiram que os primeiros cristãos negros afirmassem que havia uma diferença entre o verdadeiro cristianismo e sua distorção. O hábito de usar essas ferramentas em sua interpretação da Bíblia para discernir entre a verdade da fé cristã e seu oposto é o que chamo *interpretação eclesiástica negra*. Se esse trabalho contribuiu em algo para ajudar mais uma geração a fazer essa mesma distinção, cumpriu seu propósito.

[49]Por exemplo, eu situaria James Cone na linha revolucionária. Poderia colocar J. Doetis Roberts na linha transformadora ou revolucionária. Poucos desejariam se identificar como conformistas.

Guia para discussão

1. No primeiro capítulo, trato das limitações das diversas comunidades interpretativas que conheço. De que maneira a comunidade interpretativa em que você cresceu foi de ajuda em sua interpretação da Bíblia e de que maneira foi um empecilho?
2. Afirmo que a interpretação eclesiástica negra reside em grande medida nos púlpitos das igrejas negras e raramente em material impresso. Qual é sua experiência com igrejas negras? Minha descrição corresponde a essa experiência? Se você nunca foi a uma igreja negra, por que não?
3. O segundo capítulo apresenta argumentos a favor de reformas na polícia. Há outros exemplos de policiamento no Antigo e no Novo Testamento que corroborem minha argumentação? Qual é sua opinião a respeito dos exemplos que cito? Por que uma questão que parece tão importante para afro-americanos tem tão pouca reflexão teológica ou exegética?
4. O terceiro capítulo trata do testemunho político da igreja. Qual é o posicionamento de sua igreja em relação à defesa política de direitos? Se minha argumentação exegética é arrazoada, que impacto pode ter sobre a forma como sua igreja participa da defesa de direitos dos desvalidos? Que outras interações entre líderes e oficiais do governo do Antigo e do Novo Testamento podem ser acrescentadas à lista que aparece nesse capítulo?
5. O quarto capítulo fala de justiça. Como você superou o cinismo em relação à luta por justiça? Como o testemunho do cristianismo negro desafia nosso cinismo? Lucas nos dá, verdadeiramente, todos os recursos para falar da criação de uma sociedade justa? Que outras passagens do Antigo e do Novo Testamento apontam para a busca por justiça?

6. O quinto capítulo trata da questão de identidade. Você alguma vez estudou a presença africana na Bíblia? De que maneira a visão multiétnica da Bíblia moldou seu contexto eclesiástico? O que significa para cada cultura oferecer a Deus dons distintivos?
7. O sexto capítulo trata da ira negra. Você alguma vez se irou ou se decepcionou com a igreja? A que você recorreu? De que maneira os salmos de lamento, a cruz e o julgamento final transformam nossa ira? Chama sua atenção o fato de o antigo Israel poder buscar algo mais que vingança?
8. O enfoque do sétimo capítulo é a escravidão. Que aspectos do método descrito aqui lhe parecem proveitosos? Como entender o fato de que o apoio do cristianismo à escravidão é uma era das trevas em nossa história?
9. O material adicional é um levantamento mais detalhado da tradição exegética negra. Que informações novas esse conteúdo trouxe para você?

Bibliografia

African Methodist Episcopal Church. *The Doctrines and Discipline of the African Methodist Episcopal Church*, Philadelphia, PA: Richard Allen and Jacob Tapsico, 1817.

ALBERT, Octavia V. Rogers. *The House of Bondage*. New York: Hunt and Eaton, 1890.

ALLISON, Dale C. *The New Moses: A Matthean Typology*. Minneapolis, MN: Fortress, 1999.

ANDERSON, Bernhard W. *Out of the Depths: The Psalms Speak for Us Today*. Louisville, KY: Westminster John Knox Press, 2000.

AUGUSTUS. *Res Gestae*. Traduzido por Thomas Bushnell, 1998. http://classics.mit.edu/Augustus/deeds.html.

AUNE, David E. *Revelation 17—22*. WBC 52C. Grand Rapids, MI: Zondervan, 1998.

AZURARA, Gomes Eanes de. *The Chronicle of Discovery and Conquest of Guinea*. 2 vols. London: Hakluyt Society, 1896–1899.

BAILEY, Randall. "Is That Any Name for a Nice Hebrew Boy?" In *The Recovery of Black Presence: An Interdisciplinary Exploration: Essays in Honor of Dr. Charles B. Copher*, editado por Randall C. Bailey, p. 27-54. Nashville: Abingdon Press, 1995.

BARTCHY, S. S. "Slavery." In *The International Standard Bible Encyclopedia (Revised)*. Editado por Geoffery W Bromiley, p. 539-46. Conforme edição eletrônica, versão 1.2. Grand Rapids, MI: Eerdmans, 1979.

BASS, Jonathan S. *Blessed Are the Peacemakers: Martin Luther King, Jr., Eight White Religious Leaders, and the "Letter from Birmingham Jail"*. Baton Rouge, LA: LSU Press, 2001.

BAUCKHAM, Richard. *Jesus and the Eyewitnesses: The Gospels as Eyewitness Testimony*. Grand Rapids, MI: Eerdmans, 2006. [No Brasil, *Jesus e as testemunhas oculares: Os Evangelhos como testemunhos de testemunhas oculares*. São Paulo: Paulus, 2011.].

BEBBINGTON, David W. *Evangelicalism in Modern Britain: A History from the 1730s to the 1980s*. London: Routledge, 1989.

BLOUNT, Brian K. *Can I Get a Witness? Reading Revelation Through African American Culture*. Louisville, KY: Westminster John Knox Press, 2005.

______. *Then the Whisper Put on Flesh: New Testament Ethics in an African American Context*. Nashville: Abingdon Press, 2001.

______. *True to Our Native Land: An African American New Testament Commentary*. Minneapolis, MN: Fortress Press, 2007.

BORING, Eugune M. "The Gospel of Matthew." In *General Articles on the New Testament: Matthew—Mark*, p. 90-509. NIB 8. Nashville: Abingdon Press, 1995.

BOSWORTH, A. B. "Vespasian and the Slave Trade." *The Classical Quarterly* 52, no. 1 (2002): p. 350-57.

BOVON, Francois. *Luke 1: A Commentary on the Gospel of Luke 1:1-9:50*. Hermeneia 63A. Editado por Helmut Koester. Traduzido por Christine M. Thomas. Minneapolis: Fortress Press, 2002.

BRAXTON, Brad Ronnell. *No Longer Slaves: Galatians and African American Experience*. Collegeville, MN: Liturgical Press, 2002.

BROOKS, Walter H. *The Silver Blufl Church: A History of Negro Baptist Churches in America*. Washington, DC: Press of R. L. Pendleton, 1910.

BROWN, Michael Joseph. *The Blackening of the Bible: The Aims of African American Biblical Scholarship*. Harrisburg, PA: Trinity Press International, 2004.

BROWN, Raymond. *An Introduction to the New Testament*. Anchor Bible Reference Library. New Haven, CT: Yale University Press, 1997.

BRUCE, F. F. *The Epistles to the Colossians, to Philemon, and to the Ephesians*. NICNT. Grand Rapids, MI: Eerdmans, 1984.

BURNETT, Clint. "Eschatological Prophet of Restoration: Luke's Theological Portrait of John the Baptist in Luke 3:1-6." *Neotestamentica* 47 (2013): p. 1-24.

BURRIDGE, Richard. *Imitating Jesus: An Inclusive Approach to New Testament Ethics*. Grand Rapids, MI: Eerdmans, 2007.

BUTH, Randall. "That Small-Fry Herod Antipas, or When a Fox Is Not a Fox." *Jerusalem Perspective*. 1º de setembro de 1993. www.jerusalemperspective.com/2667/.

CALLAHAN, Allen Dwight. "Paul's Epistle to Philemon: Toward an Alternative Argumentum." *Harvard Theological Review* 86, no. 4 (1993): p. 357-76.

______. *The Talking Book: African Americans and the Bible*. New Haven, CT: Yale University Press, 2006.

CARPENTER, C. C. J., et al. "A Call for Unity". 12 de abril de 1963. www3.dbu.edu/mitchell/documents/ACallforUnityTextandBackground.pdf.

CASSIDY, Ron. "The Politicization of Paul: Romans 13:1-7 in Recent Discussion." *The Expository Times* 121, no. 8 (2010): p. 383-89.

CHRISTENSEN, Duane L. *Deuteronomy 21:10—34:12*. WBC 6B. Grand Rapids, MI: Zondervan, 2002.

CIAMPA, Roy E.; ROSNER, Brian S. *The First Letter to the Corinthians*. PNTC. Grand Rapids, MI: Eerdmans, 2010.

CLEMENTS, Ronald E. "The Book of Deuteronomy". In *Numbers—2 Samuel*, p. 271-539. NIB 2. Nashville: Abingdon Press, 1998.

CONE, James. "Biblical Revelation and Social Existence." *Interpretation* 28, no. 4 (1974): p. 422-40.

______. *A Black Theology of Liberation Fortieth Anniversary Edition*. New York: Orbis Books, 1970.

______. *The Cross and the Lynching Tree*. Maryknoll, NY: Orbis, 2013.

COPHER, Charles B. *Black Biblical Studies: Biblical and Theological Issues on the Black Presence in the Bible*. Chicago: Black Light Fellowship, 1993.

CRAIGIE, Peter C. *The Book of Deuteronomy*. NICOT. Grand Rapids, MI: Eerdmans, 1976.

CROWDER, Stephanie Buckhanon. "Luke." In *True to Our Native Land: An African American New Testament Commentary*, editado por Brian K. Blount, p. 186-213. Minneapolis, MN: Fortress Press, 2007.

CULPEPPER, Alan R. "The Gospel of Luke." In *The Gospel of Luke—The Gospel of John*, p. 3-492. NIB 9. Nashville: Abingdon Press, 1995.

DEMING, Will. "A Diatribe Pattern in 1 Cor. 7:21-22: A New Perspective on Paul's Directions to Slaves." *Novum Testamentum* 37, no. 2 (1995): p. 130-37.

DOUGLASS, Frederick. *The Life of an American Slave*. Boston: Anti-Slavery Office, 1845.

______. "The Meaning of July Fourth for the Negro." 5 de julho de 1852. http://masshumanities.org/files/programs/douglass/speech_complete.pdf.

DU BOIS, W E. B. *The Souls of Black Folk*. 1903. Reimpr., New York: Dover Publications, 1994. [No Brasil, *As almas da gente negra*. Rio de Janeiro: Lacerda Editores, 1999.]

DUNBAR, Paul Laurence. "We Wear the Mask." *Lyrics of Lowly Life*. New York: Dodd, Mead, and Company, 1896.

DUNN, James D. G. "The Letters to Timothy and the Letter to Titus." In: *2 Corinthians—Philemon*, p. 775-882. NIB 11. Nashville: Abingdon Press, 2000.

EQUIANO, Olaudah. "Traditional Ibo Religion and Culture." In *African American Religious History: A Documentary Witness*, editado por Milton C. Sernett, p. 13-19. Durham, NC: Duke University Press, 1999.

FELDER, Cain Hope. "The Letter to Philemon". In *2 Corinthians—Philemon*, p. 883-909 NIB 11. Nashville: Abingdon Press, 2000.

______. "Race, Racism, and the Biblical Narratives." In *Stony the Road We Trod: African American Biblical Interpretation*, editado por Cain Hope Felder, p. 127-45. Minneapolis, MN: Fortress Press, 1991.

______. *Stony the Road We Trod: African American Biblical Interpretation*. Minneapolis, MN: Fortress Press, 1991.

______. *Troubling Biblical Waters: Race, Class, and Family*. Maryknoll, NY: Orbis Books, 1989.

Fletcher-Louis, C. "Priests and Priesthood." In *Dictionary of Jesus and the Gospels*, 2a ed., editado por Joel B. Green, Jeannine K. Brown, e Nicholas Perrin, p. 696-705. Downers Grove, IL: InterVarsity Press, 2013.

Flexsenhar, Michael. "Recovering Paul's Hypothetical Slaves: Rhetoric and Reality in 1 Corinthians 7:21." *Journal for the Study of Paul and His Letters* 5, no. 1 (2015): p. 71-88.

Fowl, Stephen. *Ephesians: A Commentary*. Louisville, KY: Westminster John Knox Press, 2012.

France, R. T. *The Gospel of Matthew*. NICNT. Grand Rapids, MI: Eerdmans, 2007.

Fuhrmann, Christopher J. *Policing the Roman Empire: Soldiers, Administration, and Public Order*. Oxford, UK: Oxford University Press, 2012.

Garland, David E. *1 Corinthians*. BECNT. Grand Rapids, MI: Baker Academic, 2003.

Gaventa, Beverly Roberts. "Is Galatians Just A 'Guy Thing'?" *Interpretation: A Journal of Bible and Theology* 54, no. 3 (2000): p. 267-78.

______. "Reading Romans 13 with Simone Weil: Toward a More Generous Hermeneutic." *Journal of Biblical Literature* 136, no. 1 (2017): p. 7.

Glancy, Jennifer A. "The Utility of an Apostle: On Philemon 11." *Journal of Early Christian History* 5, no. 1 (2015): p. 72-86.

González, Justo L. *Mañana: Christian Theology from a Hispanic Perspective*. Nashville: Abingdon Press, 1990.

Green, Joel. *The Gospel of Luke*. NICNT. Grand Rapids, MI: Eerdmans, 1997.

Haas, G. H. "Slave, Slavery." In *Dictionary of Old Testament: Pentateuch*, editado por T. Desmond Alexander e David W. Baker, p. 778-82. Downers Grove, IL: InterVarsity Press, 2003.

Häkkinen, Sakari. "Poverty in the First-Century Galilee." *Hervormde Teologiese Studies* 72, no. 4 (2016): p. 1-9.

Hall, Stuart G., ed. *Gregory of Nyssa, Homilies on Ecclesiastes*. Berlin: De Gruyter, 2012.

Hamilton, Victor P. *Exodus: An Exegetical Commentary*. Grand Rapids, MI: Baker Academic, 2011.

______. *The Book of Genesis: Chapters 1—17*. NICOT. Grand Rapids, MI: Eerdmans, 1990.

Harrill, J. Albert. "The Vice of Slave Dealers in Greco-Roman Society: The Use of a Topos in 1 Timothy 1:10." *Journal of Biblical Literature* 118, no. 1 (1999): p. 97-122.

Hays, Richard. *The Moral Vision of the New Testament: A Contemporary Introduction to New Testament Ethics*. San Francisco: HarperSanFrancisco, 1996.

HOEHNER, H. W. "Herod." In *The International Standard Bible Encyclopedia (Revised)*, editado por Geoffery W. Bromiley, p. 588-98. Grand Rapids, MI: Eerdmans, 1979,

HOLLAND, Tom. *Dominion: How the Christian Revolution Remade the World*. New York: Basic Books, 2019.

HORSLEY, Richard A. *Paul and Politics: Ekklesia, Israel, Imperium, Interpretation*. Harrisburg, PA: Trinity Press International, 2000.

HOSSFELD, Frank-Lothar; ZENGER, Erich. *Psalms 3: A Commentary on Psalms 101—150*. Editado por Klaus Baltzer. Traduzido por Linda M. Maloney. Hermeneia 19C. Minneapolis, MN: Fortress Press, 2011.

HOYT, Thomas Jr. "Interpreting Biblical Scholarship for the Black Church Tradition." In *The Stony Road We Trod: African American Biblical Interpretation*, editado por Cain Hope Felder, p. 17-39. Minneapolis, MN: Fortress Press, 1991.

INGRAHAM, Christopher. "You Really Can Get Pulled Over for Driving While Black, Federal Statistics Show." *The Washington Post*, 9 de setembro de 2014. www.washingtonpost.com/news/wonk/wp/2014/09/09/you-really-can-get-pulled-over-for-driving-while-black-federal-statistics-show.

ISICHEI, Elizabeth. *A History of Christianity in Africa: From Antiquity to the Present*. London: SPCK, 1995.

JENNINGS, William James. *The Christian Imagination: Theology and the Origins of Race*. New Haven, CT: Yale University Press, 2010.

JENSEN, Morten Hørning. "Antipas: The Herod Jesus Knew." *Biblical Archaeology Review* 38, no. 5 (set. de 2012): p. 42-46.

______. *Herod Antipas in Galilee: The Literary and Archaeological Sources on the Reign of Herod Antipas and Its Socio-Economic Impact on Galilee*. WUNT2/215. Tübingen: Mohr Siebeck, 2006.

JEWETT, Robert. *Romans: A Commentary*. Minneapolis, MN: Fortress, 2007.

JOHNSON, Luke Timothy. *The Gospel of Luke*, Sacra Pagina. Collegeville, MN: Liturgical Press, 1991.

JOHNSON, M. V.; NOEL, J. A.; WILLIAMS, D. K., orgs. *Onesimus Our Brother: Reading Religion, Race, and Culture in Philemon*. Minneapolis: Fortress, 2012.

JUNIOR, Nyasha. *An Introduction to Womanist Biblical Interpretation*. Louisville, KY: Westminster John Knox Press, 2015.

KECK, Leander. *Romans*. Abingdon New Testament Commentaries. Nashville: Abingdon Press, 2005.

KEENER, Craig S. *Galatians: A Commentary*. Grand Rapids, MI: Baker Academic, 2019.

KENDI, Ibram X. *Stamped from the Beginning: The Definitive History of Racist Ideas in America*. New York: Nation Books, 2017.

KING, Martin Luther, Jr. "I Have a Dream". In *I Have a Dream: Speeches and Writings that Changed the World*, editado por James M. Washington, p. 101-6. New York: HarperCollins, 1992.

______. "Letter from a Birmingham Jail." In *I Have a Dream: Speeches and Writings That Changed the World*, editado por James M. Washington, p. 83-106. New York: HarperCollins, 1992.

______. "Where Do We Go from Here?" In *I Have a Dream: Speeches and Writings That Changed the World*, editado por James M. Washington, p. 169-79. New York: HarperCollins, 1992.

KNIGHT, George W., III. *The Pastoral Epistles*. NIGTC. Grand Rapids, MI: Eerdmans, 1992.

LEWIS, Lloyd A. "Philemon". In *True to Our Native Land: An African American Commentary on the New Testament*, editado por Brian K. Blount, p. 437-43. Minneapolis, MN: Fortress Press, 2007.

LINCOLN, Eric C.; Lawrence H. Mamiya. *The Black Church in the African American Experience*. Durham, NC: Duke University Press, 1990.

LOHSE, Eduard. *Colossians and Philemon: A Commentary on the Epistles to the Colossians and to Philemon*. Editado por Koster Helmut. Traduzido por William R. Poehlmann. Minneapolis, MN: Fortress Press, 1971.

LUZ, Ulrich. *Matthew 1—7: A Commentary on Matthew 1—7*. Editado por Helmut Koester. Traduzido por James E. Crouch. Hermeneia 61A. Minneapolis, MN: Fortress Press, 2007.

MARCUS, Joel. "Herod Antipas." In *John the Baptist in History and Theology*, p. 98-112. Columbia, SC: University of South Carolina Press, 2018.

______. *Mark 1—8: A New Translation with Introduction and Commentary*. Anchor Bible. New York: Doubleday, 2000.

MARSHALL, I. Howard. *The Gospel of Luke: A Commentary on the Greek Text*. NIGTC. Grand Rapids, MI: Eerdmans, 1978.

MARTIN, Clarice J. "1—2 Timothy, Titus." In *True to Our Native Land: An African American Commentary on the New Testament*, editado por Brian K. Blount, p. 409-36. Grand Rapids: Fortress Press, 2007, p. 409-36.

MARTINSEN, Anders. "Was There New Life for the Social Dead in Early Christian Communities? An Ideological-Critical Interpretation of Slavery in the Household Codes." *Journal of Early Christian History* 2, no. 1 (2012): p. 55-69.

MARTYN, James Louis. *Galatians: A New Translation with Introduction and Commentary*. Anchor Bible. New Haven, CT: Yale University Press, 1997.

MAY, Cedric; MCCOWN, Julie "An Essay on Slavery: An Unpublished Poem by Jupiter Hammon." *Early American Literature* 40 (2013), p. 457-71.

MCCAULLEY, Esau. *Sharing in the Son's Inheritance: Davidic Messianism and Paul's*

Worldwide Interpretation of the Abrahamic Land Promise in Galatians. London: T&T Clark, 2019.

"Members of the Historically Black Protestant Tradition Who Identify as Black." *Pew Research Forum*. www.pewforum.org/religious-landscape-study/racial-and-ethnic-composition/black/religious-tradition/historically-black-protestant.

MILGROM, Jacob. *Leviticus 23—27*. Anchor Bible. New York: Doubleday, 2001.

MITCHELL, Margaret M. "John Chrysostom on Philemon: A Second Look." *Harvard Theological Review* 88, no. 1 (1995): p. 135-48.

MORRIS, Leon. *The Epistle to the Romans*. Grand Rapids, MI: Eerdmans, 1987.

______. *The Gospel According to Matthew*. PNTC. Grand Rapids, MI: Eerdmans, 1992.

MORRISON, Craig E. *2 Samuel*. Berit Olam. Collegeville, MN: The Liturgical Press, 2013.

MOTYER, J. Alec. *The Prophecy of Isaiah: An Introduction and Commentary*. Downers Grove, IL: InterVarsity Press, 1993.

MOUNCE, Robert. *The Book of Revelation*. NICNT Revised. Grand Rapids, MI: Eerdmans, 1997.

MURPHY, Larry G. "Evil and Sin in African American Theology." In *The Oxford Handbook of African American Theology*, editado por Katie G. Cannon e Anthony B. Pinn, p. 212-27. Oxford: Oxford University Press, 2014.

NOEL, James A. "Nat Is Back: The Return of the Re/Oppressed in Philemon." In *Onesimus Our Brother: Reading Religion, Race, and Culture in Philemon*, editado por Matthew V. Johnson, James A. Noel, e Demetrius K. Williams, p. 59-90. Minneapolis, MN: Fortress Press, 2012.

NOLL, Mark. *The Rise of Evangelicalism*. Downers Grove, IL: IVP Academic, 2003.

NOLLAND, John. *Luke 1—9:20*. WBC 35A. Grand Rapids, MI: Zondervan, 1989.

NOVENSON, Matthew V. *The Grammar of Messianism: An Ancient Jewish Political Idiom and Its Users*. Oxford, UK: Oxford University Press, 2017.

OLIVER, Isaac W. *Torah Praxis After 70 CE: Pleading Matthew and Luke—Acts as Jewish Texts*. WUNT 2/ 355. Tübingen: Mohr Siebeck, 2013.

O'NEAL, Sondra. "A Subtle War: Phyllis Wheatley's Use of Biblical Myth and Symbol." *Early American Literature* 21 (1986), p. 144-65.

PAO, David W. *Colossians and Philemon*. ZECNT. Grand Rapids, MI: Zondervan, 2012.

PARSON, Michael C. *Acts*. Paideia. Grand Rapids, MI: Baker, 2008.

PAYNE, Daniel Alexander. "Welcome to the Ransomed." In *African American Religious History: A Documentary Witness*, editado por Milton C. Sernett, p. 232-44. Durham, NC: Duke University Press.

PERKINS, Pheme. "Taxes in the New Testament." *The Journal of Religious Ethics* 12 (1984): p. 182-200.

POWERY, Luke. "Gospel of Mark." In *True to Our Native Land: An African American New Testament Commentary*, editado por Brian K. Blount, p. 1. Minneapolis, MN: Fortress Press, 2007.

PREWITT, J. F. "Candace." In *International Standard Bible Encyclopedia (Revised)*, editado por Geoffery W. Bromiley, p. 591. Conforme edição eletrônica, versão 1.2. Grand Rapids, MI: Eerdmans, 1979.

PROPP, William H. C. *Exodus 19—40: A New Translation with Introduction and Commentary*. Anchor Bible. New York: Doubleday, 2006.

RABOTEAU, Albert J. *Canaan Land: A Religious History of African Americans. Religion in American Life*. New York: Oxford University Press, 2001.

RIESNER, R. "Archeology and Geography." In *Dictionary of Jesus and the Gospels*, 2a ed., editado por Joel B. Green, Jeannine K. Brown, e Nicholas Perrin, p. 45-59. Downers Grove, IL: InterVarsity Press, 2013.

ROOKER, Mark F. Leviticus. Editado por E. Ray Clendenen e Kenneth A. Mathew. NAC 3A. Nashville: Broadman & Holman Publishers, 2000.

ROWE, C. Kavin. *Early Narrative Christology: The Lord in the Gospel of Luke*. Berlin: Walter de Gruyter, 2006.

ROWLAND, Christopher C. "The Book of Revelation." In *Hebrews—Revelation*, p. 502-745. Nashville: Abingdon Press, 1998.

SANDERS, Cheryl J.; GILKES, Cheryl Townsend; CANNON, Katie G.; TOWNES, Emilie M.; COPELAND, M. Shawn; HOOKS, Bell. "Roundtable Discussion: Christian Ethics and Theology in Womanist Perspective." *Journal of Feminist Studies in Religion* 5, no. 2 (1989): p. 83-112.

SARNA, Nahum M. *Exodus*. The JPS Torah Commentary. Philadelphia: The Jewish Publication Society, 1991.

SERNETT, Milton C., ed. *African American Religious History: A Documentary Witness*. Durham, NC: Duke University Press, 1999.

SHORE, Mary Hinkle. "The Freedom of Three Christians: Paul's Letter to Philemon and the Beginning of a New Age." *Word & World* 38 (2018): p. 390-97.

SIMMONS, Martha J.; THOMAS, Frank A. *Preaching with Sacred Fire: An Anthology of African American Sermons, 1750 to the Present*. New York: W. W. Norton, 2010.

SIMMONS, William J. *Men of Mark: Eminent, Progressive and Rising*. Cleveland, OH: Geo M. Rewell & Co, 1887.

SMITH, Eleanor. "Phillis Wheatley: A Black Perspective." *The Journal of Negro Education* 43, no. 3 (1974): p. 401-7.

SMITH, Mitzi J. *Insights from African American Interpretation*. Minneapolis, MN: Fortress Press, 2017.

______. "Utility, Fraternity, and Reconciliation: Ancient Slavery as a Context for the Return of Onesimus." In *Onesimus Our Brother: Reading Religion, Race, and Culture in Philemon*, editado por M. V. Johnson; J. A. Noel; D. K. Williams, p. 47-58 Minneapolis: Fortress, 2012.

SOUTHERN, Pat. *The Roman Army: A Social and Institutional History*. Santa Barbara, CA: ABC-CLIO, 2006.

STEIN, Robert H. *Luke*. Editado por E. Ray Clendenen; David S. Dockery. NAC 24. Nashville: Broadman & Holman, 1992.

STOTT, John. *Message of the Sermon on the Mount*. Downers Grove, IL: InterVarsity Press, 1978.

STRELAN, Rick. *Luke the Priest: The Authority of the Author of the Third Gospel*. New York: Routledge, 2016.

STUART, Douglas K. *Exodus*. NAC. Nashville: Broadman & Holman, 2006.

STUBBS, Monya A. "Subjection, Reflection, Resistance: An African American Reading of the Three-Dimensional Process of Empowerment in Romans 13 and the Free-Market." In *Navigating Romans Through Cultures: Challenging Readings by Charting a New Course*, editado por K. K. Yeo, p. 171-98. New York: T&T Clark, 2004.

TALBERT, Charles H. *Ephesians and Colossians*. Paideia Commentaries on the New Testament. Grand Rapids, MI: Baker Academic, 2007.

THISELTON, Anthony C. *The First Epistle to the Corinthians: A Commentary on the Greek Text*. NIGTC. Grand Rapids, MI: Eerdmans, 2000.

THURMAN, Howard. *Jesus and the Disinherited*. Boston: Beacon Press, 1976.

TIROYABONE, Obusitswe Kingsley. "Reading Philemon with Onesimus in the Postcolony: Exploring a Postcolonial Runaway Slave Hypothesis." *Acta Theologica* 24 (2016): p. 225-36.

TOWNER, Philip H. *The Letters to Timothy and Titus*. NICNT. Grand Rapids, MI: Eerdmans, 2006.

WARE, Frederick L. *Methodologies of Black Theology*. Eugene, OR: Wipf and Stock, 2002.

WATTS, John. *Isaiah 34—66*. Grand Rapids, MI: Zondervan, 2005.

WEBB, William. *Slaves, Women, and Homosexuals*. Downers Grove, IL: IVP Academic, 2001.

WEEMS, Renita. *Battered Love: Marriage, Sex, and Violence in the Hebrew Prophets*. Minneapolis, MN: Fortress Press, 1995.

______. "The Song of Songs." In *Introduction to Wisdom Literature: Proverbs—Sirach*, p. 363-436. NIB 5. Nashville: Abingdon Press, 1997.

WHELCHEL, H. L. *The History and Heritage of African-American Churches: A Way Out of No Way*. St. Paul, MN: Paragon House, 2011.

WIMBUSH, Vincent. "The Bible and African Americans: An Outline of an Interpretive History." In *Stony the Road We Trod: African American Biblical Interpretation*, editado por Cain Hope Felder, p. 91-97. Minneapolis, MN: Augsburg Fortress, 1991.

WIMBUSH, Vincent. "Introduction: Reading Darkness, Reading Scriptures." In *African Americans and the Bible: Sacred Texts and Social Textures*, editado por Vincent Wimbush, p. 1-49 New York: Continuum, 2001.

WRIGHT, N. T. *Paul and the Faithfulness of God*. Minneapolis, MN: Fortress Press, 2013.

Índice de autores

Esta obra foi composta com tipografia Palatino

Lightning Source UK Ltd.
Milton Keynes UK
UKHW040950150223
416949UK00003B/80

9 786559 880652